素敵な男性に
大変身!!
After
Before

はじめに——

夫・彼氏を素敵に変身させると毎日が楽しくなる！

Prologue

本書を手に取ってくださって、誠にありがとうございます。

みなさまのなかには、夫・彼氏のファッションについて、こんなお悩みをおもちの方も多いかもしれません。

☑ファッションに興味がないので、見た目に無頓着

☑ファッションへのこだわりが強いけど、あなたからすると変な服ばかりに見える……

☑年をとるにつれて、オシャレが面倒になってきたみたい

☑モノを大切にするのはいいけど、ボロボロの古い服ばかり着ている

一緒にショッピングに行ったり、外食するとき、なんだか少し恥ずかしい。

友人の集まりや子どもの学校行事に参加するとき、人に紹介するのをためらっ

てしまう。ましてや、写真を撮られるイベントには、連れていけない……。

特別ダサいわけではないけど、なにかがもったいない。もう少し身なりに気をつかってくれたら、もっとカッコいいはずなのに。

そんなもどかしい気持ちを、夫・彼氏の〝見た目〟に感じたことはありませんか？

かといって、せっかく服をえらんであげるチャンスがきても、女性にとってメンズファッションはよくわからない世界。今度は自分の判断に自信がもてず、無難な服をえらぶにとどまり、いまいち上手くいかないものです。

それに、「この服がいいんじゃない？」とすすめても、「自分には似合わないよ」とか「デザインとか素材が好きじゃない」と言って本人が嫌がったり、服をプレゼントしても結局着てくれない、というケースも多いですよね。

べつにファッション誌に出てくるような、いかにもなオシャレをしてほしいわけではないけれど、**ムリせずふだん着のままで、もっと素敵に見えるファッションに変えたい。**

そんな想いを実現する方法を本書でお伝えしたいと思います。

〈夫を改造するたった1つの方法〉

では、どうすれば、夫・彼氏を素敵に変身させることができるでしょうか？実はとってもカンタンです。たった1つのポイントさえおさえれば、だれでもすぐにあか抜けて素敵になれるファッションが見つかります。面倒な着こなしテクや高価な服は必要ありません。

それは、〝**似合うファッションをみつける**〟ことです。

「似合う」をみつけるとき、いちばん重視すべきなのは、**骨格や体型などの外形ではなく、性格や好みなどの内面**です。意外かもしれませんが、実は外見よりも、性格や好みなどの内面にある気質のほうが、似合うファッションにより大きな影響をもたらすのです。

どんな個性を持っていて、どんなものが〝その人らしい〟のか。内面に目を向けて、外見に取り入れることができれば自然とオシャレになっていきます。

たとえば、いつも快活で行動力のある人は、ファッションだって明るい色の服や、動きやすい服が似合いますし、逆に落ち着いた穏やかな人は、抑えめの色の服や、洗練された雰囲気の上質な素材の服が似合います。

〈あなたが彼のプロデューサーになる〉

そのため、もし本人以外のだれかが似合う服や髪型をえらぶとしたら、最も重要なのは**その人の内面に対する理解**なのです。

では、夫や彼氏にとって、自分のことをよく理解してくれていて、だれよりも自分のことを真剣に考えてくれる人はだれでしょう？　それは——あなたです！　スタイリストでもショップの店員さんでもなく、妻・彼女なのです。

「でも、自分はプロではないし、男性のファッションはよく知らない」と思う方もいらっしゃると思います。でも、心配無用です。いちばん大切なのは、〝相手のことをいかに理解しているか〟ということ。それさえできていれば、本書でお伝えするノウハウを上手に活用できます。

あなたがプロデューサーになって、夫・彼氏を素敵に変身させましょう。

申し遅れましたが、私、三村愛は「外見の変化が、内面の自信を生み出し、人生を変える」というコンセプトのもと、ファッションを中心としたビフォーアフターの変身サービスをプロデュースしています。

一般によくある、顔や体型などの外面から似合う服を導きだすファッション理論とは少し異なり、**性格などの〝内面に似合うファッション〟えらび**を提

唱しています。「88診断《はちはち》」という7万人の嗜好の調査・分析にもとづき、人の個性を22タイプに分類した独自の手法を用いて、その方の魅力を再発見し、お客さまの〝内面に似合うファッション〟を導きだします。「似合うファッション」を取り入れることで、自分らしさが相手に伝わり、無理に着飾らなくても、また自分以外の誰かになろうとしなくても、素敵になれるのです。

実は、お客さまのなかには、「私ではなく夫のファッションを改造してほしい」という方もたくさんいらっしゃいます。ご要望をうけ、パートナーのファッションの改造をした方々からは、このようなお声をいただいています。

●夫・彼氏と一緒に出かけるのが楽しくなった
●親戚や友達に、自信をもって夫・彼氏を紹介できるようになった
●子どもが友だちから
「○○ちゃんのパパ、カッコいいね」と言われるようになった
●まわりの人から「おしゃれなカップル」として見られるようになった
●「雑誌の家族スナップに出てほしい」と声をかけられた
●夫本人も自信がもてるようになって、毎日機嫌がいい
●服の話で盛り上がれるようになった。夫婦の会話が増えて楽しい

〈こんなうれしい変化も……〉

さらに、ふたりのあいだに素敵な変化が訪れるのを目の当たりにすることも。試着した姿を見た奥さまが、「似合うね！ カッコイイじゃない」などと感想を口にするたび、ダンナさまがとてもうれしそうな顔をするのです。あとで聞いたら、奥さまがダンナさまを褒めたのは数年ぶりだというのです。

夫婦は、長く一緒にいると、相手と自分の境界線が薄くなり、なにごともなあなあになってしまいがちです。「夫には、なにが似合うのか？ どんな姿だと〝夫らしさ〟が出るのか」。その糸口を探っていくことで、夫の新たな一面を発見し、夫の魅力を再認識することができます。

ファッションの改造をきっかけに結婚へと進展したカップルもいます。「付き合い始めたばかりの彼氏への誕生日プレゼントになにを買えばいいのかわからなくて……」という動機でのご依頼でした。さほど乗り気でなかった彼氏も試着を繰り返すうちに楽しくなったようです。彼女もはじめは遠慮がちでしたが、仲良く服をえらぶうちに、次第に本音で「似合う」「似合わない」を言い、彼氏もそれをきちんと受け止めていました。

そして月日が経ち——おふたりは結婚することに。結婚式の衣装えらびの参考にと、また私のところに来てくれたのです。新郎側の非協力的な態度からケ

ンカになることもある挙式の準備ですが、そこには彼女と同じくらい積極的に衣装えらびをする彼氏の姿がありました。

お父さまを想う娘さんに出会ったこともあります。

「定年退職し、スーツ生活から一転、私服を着るようになった父が毎日、同じ格好をしてるんです。定年したら母を旅行に連れて行くと言っていたのに、どうにも出不精で。出かけたくなるように、まずは服装を変えたほうがいいと思うんです」

そんな娘さんの願いからお父さまのファッションを改造。長年のスーツ生活の癖で、シックな服ばかりを着ていたようですが、88診断で分析した結果、カジュアルで明るい服が似合うことがわかりました。変身した姿を見たお母さまの反応がとても良く、それ以来、夫婦で出かけるようになったそうです。

ほかにも、お姉さんが大学デビューを控えた弟さんを一生懸命に改造したり、婚活中の息子にやきもきしたお母さまが顔写真を持ち込んで相談に訪れたりしたことも。本書も、夫婦やカップルだけでなく、そうしたさまざまな方々のお役に立てれば幸いです。

〈3つのステップで、だれでも変身させられます！〉

本書では、自慢の夫・彼氏にするための方法を3つのステップでご紹介しています。

まずは、ステップ1の88診断によるタイプ分けテストで、夫・彼氏に「似合うタイプ」を導きだします。

次にステップ2で、「似合うタイプ」に合った服えらびやコーディネートをしていただきます。ファッションを似合うものに変えれば、飛躍的にカッコよくなるはずです。

ステップ3では、もっと素敵にしたいという方のために、「似合うタイプ」に合ったヘアスタイルや、まゆげ・産毛のお手入れ法などをご紹介しています。ここまでやれば、パーフェクトな姿になることまちがいなしです。

夫・彼氏が変身することによって、きっとあなた自身の人生も、さらに素敵に輝くはずです。本書が少しでもそのお役に立つことができれば、これほど嬉しいことはありません。

ぜひ、おふたりで楽しみながらはじめてみてください。

CONTENTS

「似合う」服を着る　「似合う」を知る

100%
After

HAPPY BEFORE-AFTER

リアル夫改造計画

ビフォー篇

本書を通じて、2組のモニターご夫婦のダンナさまが素敵な男に変身します！

PROFILE

中川さんご夫婦
夫婦歴 14 年

PROFILE

奈良さんご夫婦
夫婦歴 3 年

COLUMN-0

Before

似合う・似合わないの思い込みが強すぎる！

シャツにジーンズとか、いつも無難な服ばかりでつまらないんです！

どれほど素敵な男に変身できるのか!? 続きは P.66へ

HUSBAND & BOYFRIEND
HAPPY BEFORE → AFTER

STEP 01

88診断で「似合う」タイプを知る

P013-066

まずは、彼に「似合う」タイプを知るところからはじめます。
本書P.26の「88診断 タイプ分けテスト」でカンタンにわかります。
各タイプの特徴をご覧いただいたら、
P.56からの「タイプ別説得術」もチェックしてみてくださいね♪

「似合う」の魔法で奇跡が起こる

Step 1

「おしゃれ」よりも「似合う」が〝素敵な男性〟をつくる

男性だって見た目で人生が変わります。

「見た目で人生が変わる」ということを実感している女性は多いかもしれませんが、男性はどうでしょう？　男性だって見た目を変えて素敵になることで、周囲や本人の気持ちが変わり、そのことが人生に大きな影響を与えます。

でも、だからといって、「流行の服や高価なブランド服を着たほうがいい」ということではありません。〝素敵な男性〟は、「似合う服」がつくるからです。

「でも、〝似合う服〟を着て外見を変えるといっても、そもそも夫はそんなにカッコいいわけじゃないから……」

大丈夫！　心配無用です。

男性が素敵になるかどうかに、**生まれ持った顔や体型の良し悪しは関係ありません。**

〝雰囲気イケメン〟と言われる俳優さんや男性アナウンサーを想像してみてください。もともと美男子でなくても、その個性が際立っていてとても魅力的な人や、さわやかで信頼感があって素敵な人はたくさんいますよね。

いちばん大事なのは、その服が本人の個性やキャラクターに合っていること。それを人々は「似合う」と感じるのです。

同じキャラクターでも、ファッションが違うだけで、「いい人」にも「感じのわるい人」にも見える

人にはそれぞれ個性があり、そこに良し悪しはありません。ただし、他人がその**個性をどう評価するかによって長所になったり、短所になったりします**。それはどういうことでしょうか？　下の２枚の写真をご覧ください。

ＡさんとＢさんの性格は、真逆です。

Ａさんは、物腰が柔らかく、女性的で優しいキャラクターの男性です。

一方のＢさんは、まさに肉食男子。行動力のある、ワイルドなキャラクターです。

もし仮に、Ａさんが、髪をオールバックにして、革ジャンを着ていたらどうでしょう？　初対面の人の多くが、Ａさんはワイルドなキャラクターで強くひっぱっていってくれる人だと期待します。でも、実際に接してみると、その穏やかな物腰に、「なんだか頼りない人……」と、がっかりしてしまいます。

では、初対面のＢさんが、パステルカラーのいかにも優しげな服を着て、「おまえさぁ～」と話しかけてきたら、「裏のあるイヤなやつなんじゃないか？」と警戒心を持ってしまいませんか？

Aさん

Bさん

なぜなら人は相手のファッションから無意識にキャラクターを推測して、接し方を決めているからです。

イメージと実際のキャラクターが一致していれば安心して接することができますが、逆に**イメージどおりのキャラクターでなかったとき、人は相手に不快感を抱いてしまう**のです。

たとえば、甘そうな色やイラストのパッケージのお菓子を食べて、想像していた甘さであれば安心しますが、苦い味なら裏切られた気分になりますよね。「似合う・似合わない」の感覚もこれに少し似ています。人は無意識に、相手のパッケージ（＝ファッション）を見て、判断しているのです。

そして、なにより大事なことは、**その人に「似合う服」は着ている本人も本来の自分のままでいられるので、心が落ち着きます。**

「似合う」で、相手からの評価が大きく上がる

「似合う」の強大な効果を実感できた、こんな女性がいました。

そのお客様は、思ったことをストレートに伝えてしまう性格のせいで、周囲から**「キツくて取っつきにくい人」**だと避けられてしまうことに悩んでいました。

その方のお洋服はいつも黒。黒以外の服はあまり着ないそうです。

ところが、診断させていただいたところ、その人に本当に似合うのは、明るくさわやかでスポーティな服。そこで、青や緑などの彩度の高いスッキリとした色の服を着ていただくことにしました。

すると、**「裏表のないさっぱりした性格」**と褒められるようになったそうです。

婚活中の男性も「似合う」の効果を顕著に感じられます。

ある男性は、お見合いに行くと必ず相手の女性から**「頼りない」「自分から話さず、こちらの話を聞いてばかりで面白みがない」**というネガティブな評価を受けてしまい、婚活に苦戦していました。

いつもお見合いで着ている服を見せてもらうと、「無難な服のほうが安心」という理由で、黒・グレー・ネイビーといった暗く重い色のスーツばかり。

しかし、88診断をしたところ、その方はフェミニンなタイプで、ピンクや柔

暗い色の服を着て、思ったことをなんでも言ってしまうと、悪意があると誤解されてしまいやすくなります。

らかい色合いが似合うということがわかりました。

そのため、次のお見合いには、軽やかで優しい印象になるような淡いピンクのシャツにライトグレーのスーツで参加していただきました。

すると、参加者の女性の評価が一転。**「優しい人」「話を聞いてくれる」**と好感をもたれるようになったのです。

そしてうれしいことに、その次のお見合いで見事に成婚したのです。


これらのケースからもわかるように、同じ性格でも、ファッションひとつで相手に与える印象が大きく異なります。

その方の内面にある個性を分析して服装や髪型に「似合う」ものをうまく取り入れれば、その良い面が相手に自然に伝わり、まるで魔法にかけられたように奇跡が起こるのです。

無個性な印象が神秘的で独特な存在感に変わります。

男性の内面は、そのまま顔にあらわれる

ファッションから連想するイメージと実際の内面の個性とのギャップを埋めることが大事だとお伝えしましたが、「とはいっても、実際には『内面』よりも『骨格診断』や『パーソナルカラー』のような外形こそが、ファッションに影響するのでは？」と疑問に思った方もいらっしゃるかもしれません。

たしかに、骨格や肌色も大事で、88診断にもその要素が含まれているのですが、**なによりも大事なのは「内面の個性」**だと自信をもって断言できます。

なぜならば、その人の**顔つきや表情、話している内容など、接している相手がもっとも重視する情報源に、「内面」が強く反映されている**からです。

笑い方ひとつとっても、優しくほほえんだり、大きく口を開けて爆笑したり、その人の性格によって異なりますよね。

とくに、**内面がよくあらわれるのは「目つき」**です。意志の強さや感情の起伏の激しさなどがはっきりとあらわれます。

下の4タイプの男性をご覧ください。

のちほどご紹介するタイプ分けの「②優しげな王子タイプ」の人は、寛容で親切な人柄が優しく穏やかな瞳にあらわれ、「④活発な人気者タイプ」は活発が

②優しげな王子タイプ

④活発な人気者タイプ

ゆえに眼球がよくうごき大きく丸い瞳をしています。「⑧古風な紳士タイプ」は律儀で真面目な気質がまっすぐなまなざしとしてあらわれ、「⑨厳格な王様タイプ」は物おじしない円熟した気質が余裕のある目つきとしてあらわれています。

男性はとくに、女性と違ってメイクで顔の雰囲気を変えたりできませんし、できる髪型のバリエーションも女性ほど多くはありません。

そのため、男性は女性以上に内面の個性に合ったファッションをすることが大事なのです。

そして、その「個性」をだれよりもよく知っていて、本人よりも客観的に分析できるのは、妻や彼女です。

もし、ファッションや人間関係で彼が悩んでいたら、彼の「似合う」をみつけてあげてください。それだけで、彼はぐっとラクになるはずです。

⑧古風な紳士タイプ

⑨厳格な王様タイプ

「似合う」は88診断でカンタンにみつけられる！

Step 1

個性を22テイストに分類

雑誌でモデルが着ている服を実際に試着してみたら、「あれ？　思っていたのと違う……」と残念に思ったことはありませんか？　その原因は「モデルのスタイルがよかったから」ではありません。あなたとは「似合うテイスト」が違っていただけなのです。

左の図は「テイスト分け」を示したものです。たとえば、そのモデルさんが「ソフトエレガント」で、あなたが「ワイルド」だったとしたら、真逆のテイストになるため、似合う服も真逆です。

88診断は、人のテイストを22に分類する**テイストスケール法（感性のものさし）をもとに、各タイプに似合う色調（明るさ／鮮やかさ／濃さなど）・形（シルエット）・柄（大きさ／種類／配列など）・素材（ハリ／厚さ／つや／生地など）を見定める独自のファッション法**です。色彩学の権威・佐藤邦夫先生が、7万人もの嗜好を調査・分析し、人の個性を22テイストに分類した、とても精確で信頼できる手法です。88診断は、この22分類を4種のパーソナルカラーでさらに細分化し、88テイストに分けます。

細かすぎて難しそうに聞こえるかもしれませんが、本書では、だれでも実践できるよう簡略化し、9タイプに分けてお伝えします。

テイストスケール法でみる22の個性

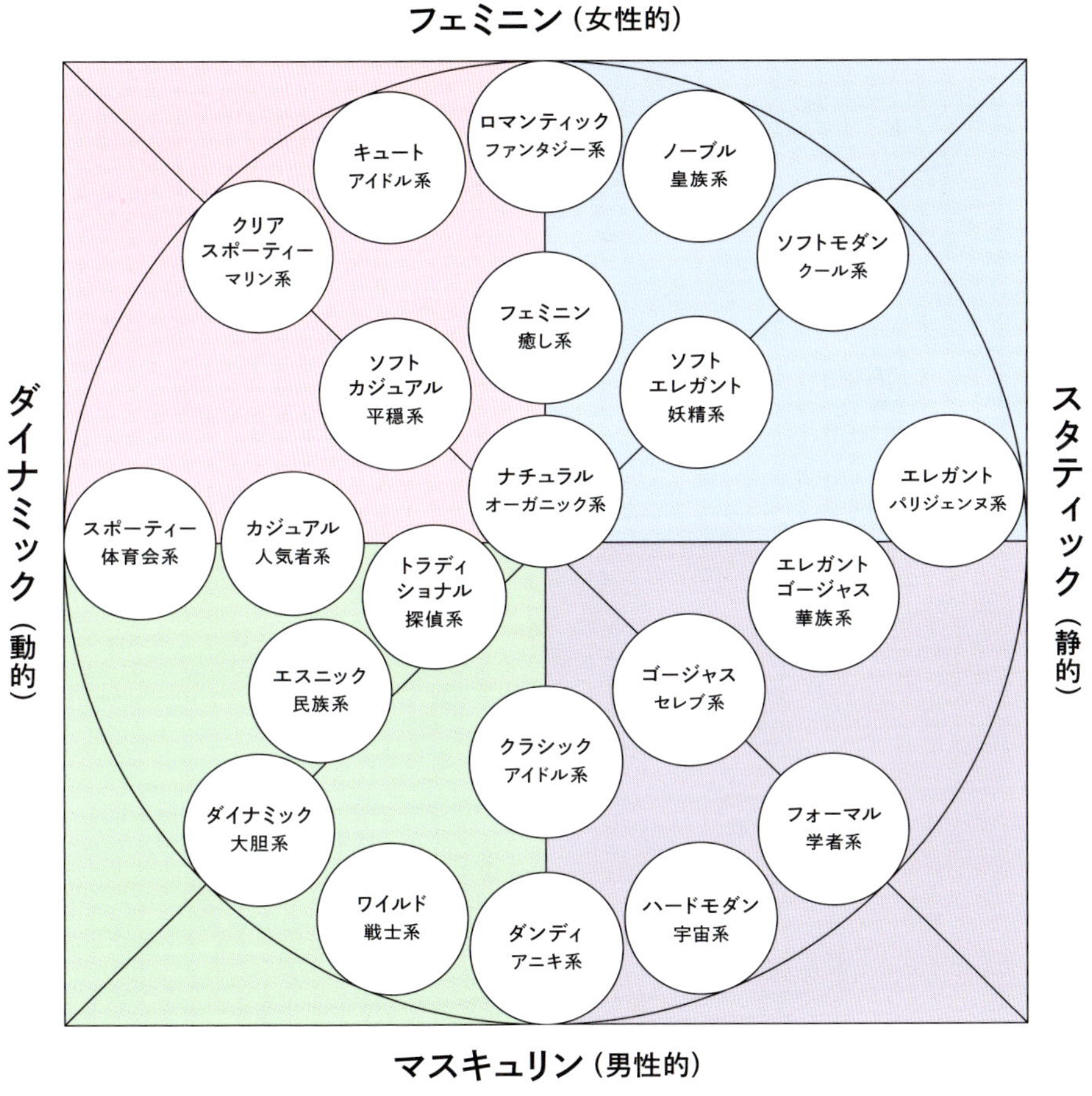

左右・上下の軸をもとに、
4つのグループに分けると、
右のような特徴になります。

左上 女性的×動的
明るく優しい親近感のあるグループ

右上 女性的×静的
スマートで洗練されたグループ

左下 男性的×動的
エネルギッシュな力動感のあるグループ

右下 男性的×静的
真面目で大人っぽい信頼感のあるグループ

9つのタイプ分けで「似合う」がわかる

左の図が本書で使う9つのタイプ分けです。前ページでご紹介した22テイストのうち、たとえば「キュート」と「クリアスポーティー」など、位置が近いタイプは似合うファッションがかなり似ています。そのため、類似するタイプを集めて、9つのタイプにまとめました。

そもそも人の内面の個性はとても複雑なので、22テイストのうち1つに絞る必要はなく、最低でも2つや3つ、人によっては5つ当てはまる人もいます。

年を重ねるにつれ、いくつかある「似合うテイスト」のうち、**それぞれのテイストの似合う度合いが変わってくる**こともあります。たとえば、2つの似合うテイストのうち、若いころは「キュート」が似合う度合いが高く、「エレガントゴージャス」の度合いが低めだった人が、成熟するにつれ、度合いが逆転する場合もあるのです。

生まれつき持っている個性による似合うテイストのほかに、人生経験や環境によってプラスアルファされる似合うテイストもあります。昔の友達に会ったときに、「昔から変わってないなぁ」と感じる一面と、「なんか変わったなぁ」と感じる一面があると思うのですが、似合うテイストもそのように変わっていきます。

そのため、「昔は似合っていた服がいまはイマイチしっくりこない……」ということもありえるので、都度、このタイプ分けでチェックしてみてくださいね。

「似合う」がわかる９つのタイプ分け

＜横軸＞
左側は、動きのある活発な雰囲気のでるシルエットや彩度の高いカラフルな色が似合います。
右側は、落ち着いた雰囲気のでるスッキリしたシルエットや控えめな色が似合います。

＜縦軸＞
上側が女性的な雰囲気（優美で、軽快・しなやか・繊細な雰囲気のある淡い印象）です。
下側が男性的な雰囲気（厳しく、堅実で、重厚・大胆など濃い印象）です。

88診断タイプ分けテスト ～3分で彼の「似合う」がわかる～

Step 1

TEST.1

彼が好きな配色を
①～⑨のなかから1つえらんでください。

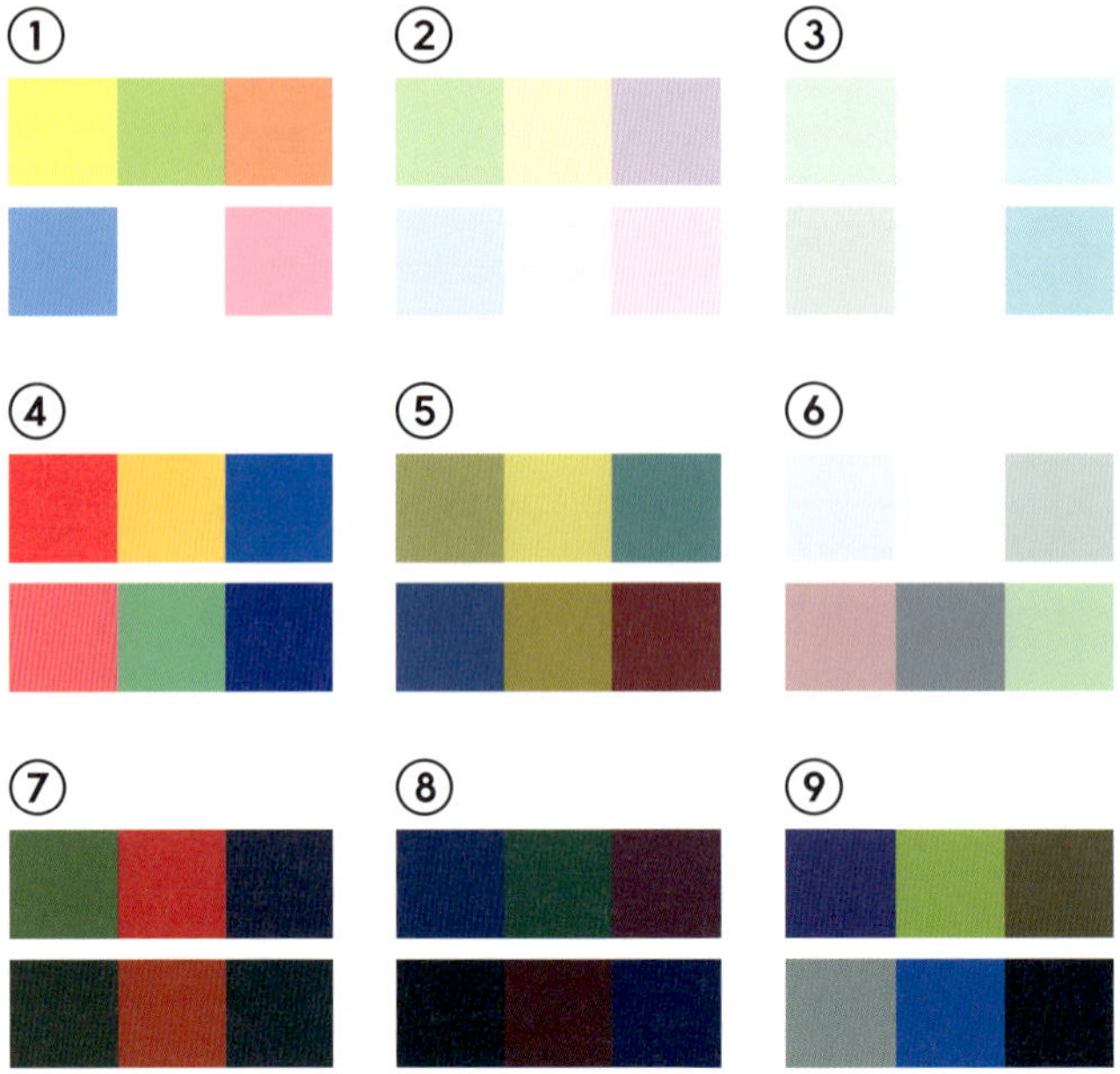

回答

〈診断方法〉

テストは3つです。

あなた（妻・彼女）が、テスト1～3に回答してください。

もし、本人（夫・彼氏）でないとわからないことがあれば、本人に聞くか、本書を渡して回答してもらってもOK！

テスト1「彼が好きそうな配色」を答えてください。

服ではなく、インテリア・小物などでふだん彼がえらぶ色に近いものを選択してください。

テスト2「彼がよく着ているネクタイとスーツの組み合わせ」に近いものを答えてください。

実際にスーツをふだん着てい

TEST.2

彼が着そうなコーディネートを ①〜⑨のなかから1つえらんでください。

回答

ない場合にも、「これは着そう」というように感覚的なもので結構です。

テスト3　心理テストです。妻・彼女であるあなたから見て、きっとこうだろうなと思う選択肢をえらんで、タイプに行き当たるまでお進みください。

テスト1〜3のすべてに回答したら、P．34へお進みください。回答から、「似合うタイプ」を導きだせます。

「88診断タイプ分けテスト」で、夫・彼氏が9タイプのうちどのタイプにあてはまるのかがわかったら、それをもとに本書を読み進めてください。「9タイプ紹介（P．38〜）」、「タイプ別説得術（P．56〜）」、「9タイプ別似合う服（P．76〜）」は、夫・彼氏に「似合うタイプ」のページを中心にご覧ください。

Q1からはじめて、
選択肢のなかから、彼に
いちばん当てはまる答えを選択して、
進んでいってください。
タイプにたどり着いたら、
P.33で①～⑨のどの番号に該当するか
を確認して、P.34へお進みください。

Q1. 遊びに出かけるのに彼がいちばん好きなスポットは？

□ 遊園地 → Q2 へ
□ 美術館 → Q3 へ
□ 山や海 → Q4 へ
□ 話題のスポット → Q5 へ
□ 都心のオシャレ街 → Q16 へ

Q2. 親しい人との会話の傾向でもっとも当てはまるのは？

□ 自分が話す方が多い → Q6 へ
□ 相手の話を聞く方が多い → Q6 へ
□「へぇ！」「すごい！」などの感嘆詞が多い → Q30 へ
□ そもそも会話が苦手 → Q28 へ

Q3. 思いついたら……

□ すぐ行動する → Q6 へ
□ 人に相談する → Q7 へ
□ ひとりでじっくり考えてから動く → Q8 へ

Q4. スポーツは……

□ プレイするのが好き → Q6 へ
□ 観戦するのが好き → Q7 へ
□ あまり興味がない → Q8 へ

Q5. 好きな本は……

□ マンガ → Q6 へ
□ 写真集や詩集などアート系 → Q8 へ
□ ビジネス書 → Q9 へ
□ 雑誌やエッセイ → Q18 へ
□ 特定の作家の本 → Q16 へ
□ ファンタジー小説 → Q33 へ
□ 本は読まない → Q11 へ

Q6. 休日はどのように過ごすことが多い？

□ フェスやライブイベント → Q10 へ
□ みんなで楽しむピクニック → Q7 へ
□ 最近できた商業施設 → Q8 へ
□ ランニングなどスポーツ → **タイプ 4-2**
□ 家でゆっくりしたい → Q34 へ

Q7. 彼の性格をあらわすことばでもっとも当てはまるのは？？

□ 好奇心旺盛 → Q11 へ
□ 博愛主義 → Q12 へ
□ 情報通 → Q10 へ
□ 知性派 → Q21 へ
□ 我が強い → Q29 へ
□ 浮世離れ → Q28 へ
□ 合理主義 → Q35 へ
□ 古風 → Q16 へ
□ 落ち着きがある → Q37 へ

Q8. 交友関係は？

□ たくさんの人と関わりたい → Q10 へ
□ 交流するのは気心の知れた少数でいい → Q13 へ

Q13. 緊急事態が起こると……

□ リーダーシップを発揮 → Q21へ
□ 状況を冷静に判断して対処 → Q22へ
□ 頼れる人に助けてほしい → Q17へ

Q14. 物を考える際には……

□ 自分軸で考える → Q19へ
□ 相手軸で考える → **タイプ 9-3**

Q15. 人間関係のトラブルの対処法

□ 愛情を持って歩み寄る → Q24へ
□ 法をベースに合理的に解決 → **タイプ 5-2**
□ なるようになるので放置 → Q21へ
□ 下手に出て相手に譲る → Q16へ
□ 権力や知性のある人に助力を乞う → **タイプ 1-1**
□ 自分が我慢して衝突を回避 → **タイプ 5-1**

Q16. いちばん落ち着く場所は？

□ 和室など畳の空間 → **タイプ 8-1**
□ 自然豊かなカフェテラス → Q23へ
□ ホテルのラウンジ → **タイプ 9-1**
□ 整理整頓された部屋 → **タイプ 5-2**
□ 昔から気に入っている店 → Q35へ

Q17. 次のなかでいちばん好きな音は？

□ 太鼓などのお祭りの音 → Q19へ
□ シンセサイザーの重低音 → Q21へ
□ 明るくて愉快な音 → **タイプ 1-1**
□ 華やかなピアノ曲 → Q20へ
□ 魂を揺さぶるロック → **タイプ 6-1**
□ ヒーリングミュージック → Q33へ

Q9. 結婚に対するイメージは、どれが近そう？

□ 家庭を作るためのもの → Q14へ
□ 愛する人と人生を共にするためのもの → **タイプ 2-1**
□ 社会的な信用を得るためのもの → Q17へ
□ あまり深く考えていない → Q25へ

Q10. グループの中での役割は？

□ 笑いをとって和ませる → **タイプ 4-1**
□ リーダーシップをとる → Q21へ
□ 補佐役のポジション → Q12へ
□ 上の3つ以外 or 特に役割はない → Q13へ

Q11. もっとも心惹かれそうなのは次のうちどれ？

□ 珍しくて不思議なもの → Q17へ
□ 最新のテクノロジー → **タイプ 9-3**
□ 教養深く歴史のあるもの → Q16へ
□ 面白くて楽しいもの → **タイプ 4-1**
□ 五感で楽しむもの → **タイプ 2-1**

Q12. 次のうちもっとも嫌いそうなものは？

□ 喧嘩や論争 → Q20へ
□ 不義理 → Q21へ
□ ルールに反するもの → Q26へ
□ 自分の気が向かないもの → Q36へ
□ 退屈すること → Q38へ
□ 数字で答えの出せないもの → **タイプ 9-3**

Q21. 彼の理想の生き方は?

- □ 自分の世界観でアーティスティックに →**タイプ 9-3**
- □ 自分にしかできないことを成し遂げる →**タイプ 7-3**
- □ 穏やかに気取らずに →**タイプ 5-1**
- □ ホンモノに囲まれたい →**タイプ 9-1**
- □ 無駄なくシンプル、スマートに →**タイプ 3-2**
- □ 人を労り助力したい →**タイプ 2-2**
- □ 縛られず自由奔放でいたい →**タイプ 7-2**
- □ みんな仲良く平和に暮らす →**タイプ 1-2**

Q22. 欲しい家具が見つからないとき

- □ 意地でも探して手に入れる →**タイプ 7-3**
- □ 似たものを自分で作る →**タイプ 7-2**
- □ 他に気に入るものを探す → **Q28** へ
- □ あっさり諦める →**タイプ 4-2**

Q23. 目標や理想に対するスタンス

- □ 現実を少しずつ理想に近づける →**タイプ 9-3**
- □ リスクをとって挑戦する →**タイプ 7-3**
- □ 直観の赴くまま → **Q26** へ
- □ 戦略的に勝負をかけていく →**タイプ 8-2**

Q24. 好きな映画は

- □ ディズニー →**タイプ 2-1**
- □ スタジオジブリ →**タイプ 5-1**
- □ ハリー・ポッター →**タイプ 5-2**
- □ スター・ウォーズ →**タイプ 9-3**
- □ 人気の話題作 →**タイプ 4-1**
- □ あまり見ない → **Q27** へ

Q18. 手土産を選ぶなら……

- □ オーガニックなど自然なもの →**タイプ 5-1**
- □ 流行や話のネタになりそうなもの → **Q29** へ
- □ 少量でも品がよく上質なもの →**タイプ 3-1**
- □ 自分のセンスに適うもの →**タイプ 6-2**
- □「手土産ならここ!」という店がある →**タイプ 3-2**
- □ 古くから支持されているもの →**タイプ 5-2**

Q19. 彼の気質でいちばん当てはまるものは?

- □ 我慢強く粘り強い → **Q20** へ
- □ 自由奔放で開放的 → **Q22** へ
- □ 反骨精神が強い → **Q21** へ
- □ 考えるより体が動く → **Q32** へ
- □ あまり目立ちたくない →**タイプ 5-1**

Q20. 好きにお金を使えるなら、どれに使いそう?

- □ 家具や家電を揃える →**タイプ 5-1**
- □ 資産価値の高いものを買う →**タイプ 9-1**
- □ 起業で人生を賭けた勝負 →**タイプ 7-3**
- □ 世界を放浪したい → **Q22** へ
- □ 慈善活動に力をいれたい →**タイプ 2-2**
- □ 家族や友人と旅行したい →**タイプ 1-2**
- □ 自分好みのもので全てを統一したい →**タイプ 3-2**

Q29. ワクワクするとき

- □ だれも知らないニュースを伝えるとき → **タイプ 4-1**
- □ 時代の先端を追いかけているとき → **タイプ 9-3**
- □ 困難を乗り越えたとき → **タイプ 7-3**
- □ 自分の武勇伝を語るとき → **タイプ 8-2**
- □ 何にも縛られずに自由でいるとき → **タイプ 7-2**

Q30. 組織の中のポジション

- □ 縁の下の力持ちで裏のまとめ役 → **タイプ 8-2**
- □ シンクタンク（見識者）→ **タイプ 9-2**
- □ 会計や書記などの補佐 → **タイプ 8-1**
- □ 全体を引っ張るリーダー → **タイプ 7-3**
- □ 営業など組織の外とのパイプ役 → **タイプ 4-1**
- □ 組織に属することが苦手 → **タイプ 7-2**

Q31. 嫌いなことは？

- □ 正義に反すること → **タイプ 7-1**
- □ はっきりしないもの → **タイプ 3-3**
- □ 喧嘩や衝突 → **タイプ 1-2**
- □ 他人と同じこと → **タイプ 3-2**
- □ 束縛されること → **タイプ 7-2**

Q32. 周りからどんな人に見られやすい？

- □ 地味に見られやすい → **Q35** へ
- □ なぜか萎縮されやすい → **タイプ 3-1**
- □ 派手に見られやすい → **タイプ 9-1**

Q25. 性格の難点を挙げるとしたらもっとも近いのは？

- □ 意思表現がストレートすぎる → **タイプ 4-2**
- □ 出費癖がある → **タイプ 3-3**
- □ 親切心で押しつけがち → **タイプ 1-2**
- □ お人好しで騙されやすい → **タイプ 1-1**

Q26. 追求したいもの

- □ 最新のテクノロジーや未来 → **タイプ 9-3**
- □ 揺るぎない真実 → **タイプ 9-2**
- □ 美しく華やかなもの → **タイプ 6-2**
- □ 堅実な安定 → **タイプ 5-2**

Q27. リフレッシュのために2日間使えるとしたら、次のうちどれをえらびそう？

- □ 高級ホテル → **Q38** へ
- □ リゾート地 → **Q32**
- □ 近場の海外 → **Q31** へ
- □ 自宅 → **Q35**

Q28. 性格の欠点を挙げるとしたらもっとも近いのは？

- □ ユーモアが足りない → **タイプ 3-1**
- □ 冗談が通じない → **タイプ 9-2**
- □ お金に対してケチ → **タイプ 9-1**
- □ マイペース → **タイプ 7-1**
- □ 流されやすい → **タイプ 7-2**
- □ 控えめで大人しい → **タイプ 6-1**

Q33. 持ち物の傾向で いちばん近いのは？

- □ 子どもの頃のコレクションを今でも持っている →**タイプ 2-1**
- □ 珍しく高価なものが自然と身の回りにある →**タイプ 3-1**
- □ アンティークなものに惹かれる →**タイプ 8-1**

Q34. 不得意なことは？

- □ くどいことや手間のかかることが苦手 →**タイプ 4-2**
- □ 恥ずかしがり屋で人前が苦手 →**タイプ 7-1**
- □ そそっかしく約束の時間や場所を間違える →**タイプ 1-3**
- □ 臨機応変に柔軟に対応するは苦手 →**タイプ 5-2**

Q35. 彼の特徴

- □ ドラマや映画の批評が鋭い →**タイプ 3-2**
- □ 直観が鋭く予知が当たることがある →**タイプ 7-1**
- □ 自室にこもりがちで内向的な面がある →**タイプ 6-1**
- □ 人知れずそつなく仕事をこなす方だ →**タイプ 5-1**
- □ 時間やお金の浪費はしない →**タイプ 9-1**

Q36. 知的好奇心の傾向で もっとも当てはまるのは？

- □ 自分の納得がいくまで究明する →**タイプ 5-1**
- □ なんでも思い浮かぶまま質問する →**タイプ 1-1**
- □「博識」と周りから言われる →**タイプ 9-2**

Q37. 周りと彼

- □ なぜか年下から好かれることが多い →**タイプ 9-1**
- □ 知人の頼みを断れない義侠心がある →**タイプ 8-2**
- □ 他人から誤解されやすいが仲間からの信用が厚い →**タイプ 7-3**
- □ 自立心がつよく凛々しく見られる →**タイプ 8-1**
- □ 相談されることや頼られることが多い →**タイプ 5-2**

Q38. 周りから持たれている イメージにもっとも 近いものは？

- □ お金がないときでもお金持ちに見られる →**タイプ 6-2**
- □ 上品に見えると言われる →**タイプ 3-1**
- □ つかめない不思議な人だと言われる →**タイプ 3-3**

テスト3で導きだされた彼のタイプは？

① ← 1-1 キュート
1-2 ソフトカジュアル
1-3 クリアスポーティー

② ← 2-1 ロマンティック
2-2 フェミニン

③ ← 3-1 ノーブル
3-2 ソフトモダン
3-3 ソフトエレガント

④ ← 4-1 カジュアル
4-2 スポーティー

⑤ ← 5-1 ナチュラル
5-2 トラディショナル

⑥ ← 6-1 エレガント
6-2 エレガントゴージャス

⑦ ← 7-1 ダイナミック
7-2 エスニック
7-3 ワイルド

⑧ ← 8-1 クラシック
8-2 ダンディ

⑨ ← 9-1 ゴージャス
9-2 フォーマル
9-3 ハードモダン

回答

診断お疲れ様です(^-^)

**3つのテストから
それぞれ次のことがわかります。**

TEST.1の回答	TEST.2の回答	TEST.3の回答
彼が好きなもの	彼がえらぶもの	彼に似合うタイプ

① 愛嬌のある好青年	② 優しげな王子	③ 落ち着いた皇族
④ 活発な人気者	⑤ 温厚なお兄さん	⑥ 上品な貴公子
⑦ 頼もしい野生児	⑧ 古風な紳士	⑨ 厳格な王様

**●3つのテストすべての回答が同じ番号
または テスト2と3が同じ番号**

彼は自分のことをよくわかっているとてもおしゃれな人です。彼の「似合うタイプ」を参考に、個性にさらなる磨きをかけていってください！

●テスト1と3が同じ番号で、2だけがちがう

せっかく「好きなもの」と「似合うもの」が一致しているのに、実際に服を買うときには、好きでもなく似合うわけでもない服をえらんでいます。たとえば、もともと①タイプのような明るい色が好きなのに、服えらびとなると「暗い色しか似合わない」と思い込み、⑨タイプの服を着てしまっているケースはおおいにあります。

●テスト1と2が同じ番号で、3だけがちがう

好きな服を着ているけれど、実際には似合っていません。本人がファッションを楽しめているのであればそれでいいのかもしれませんが、妻・彼女としてはもう少し似合う服を着てほしいもの。彼の好きなテイストを残しつつ、似合うタイプのものも取り入れてもらうのがおススメです。

●すべて異なる番号の場合

彼はファッションが苦手な可能性が高いです。コーディネートが失敗する原因の1つは、バラバラのタイプの服を組み合わせてしまうことです。自分に似合うタイプの服を見つけて、それに合ったコーディネートをするだけでも、統一感が出てオシャレになります。

TEST3から導きだされた答えが夫・彼氏に「似合う」タイプです。

LET'S CHECK!

P.38へ ←①は愛嬌のある好青年タイプ

P.40へ ←②は優しげな王子タイプ

P.42へ ←③は落ち着いた皇族タイプ

P.44へ ←④は活発な人気者タイプ

P.46へ ←⑤は温厚なお兄さんタイプ

P.48へ ←⑥は上品な貴公子タイプ

P.50へ ←⑦は頼もしい野生児タイプ

P.52へ ←⑧は古風な紳士タイプ

P.54へ ←⑨は厳格な王様タイプ

本当に似合うかどうか確認したいときは……

タイプ分けテストでわかった「似合う」タイプが、本当に彼に似合うかどうか確信が持てないときや、テスト3で回答を迷い、いくつかの異なるタイプの可能性がある場合は、フェイスオン分析で確認することができます。実際にお店で何着も試着するのは手間なうえ、彼や店員さんの意見が耳に入り、冷静に判断できないこともありますが、フェイスオン分析で顔と服を見比べれば、似合うかどうかを客観的に評価できます。彼を説得するときにもこれを使えば、納得しやすくなることも！

フェイスオン分析のやり方

STEP①

写真を1枚用意して、顔の部分だけ切り抜く。

STEP②

本書のコーディネートページに、写真のキリヌキをあてて、本人の顔とマッチするか確かめます。

わぁ〜さわやか！
スタイルが良くみえるし
いつも優しい夫の
キャラが出てる！
似合ってる！！

う〜ん、
カッコいいんだけど、
なんだか怖い人に見える
夫のキャラじゃないなぁ
似合ってない

都会的で
オシャレな服のはずが、
夫が着るとなぜか
野暮ったい印象に……
似合ってない

写真のキリヌキが面倒な人へ
カンタンにできるフェイスオン分析術

STEP①

本人の顔をスマホで撮影。首元が画面のいちばん下側にくるようにして、小さめに撮ります。

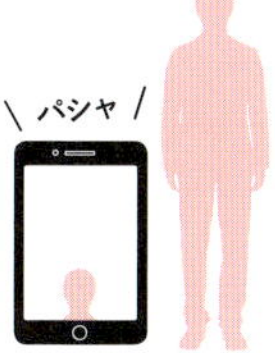

STEP②

キリヌキと同じように、本書や雑誌のコーディネートページに撮影した顔部分をあてて、本人の顔とマッチするか確かめます。

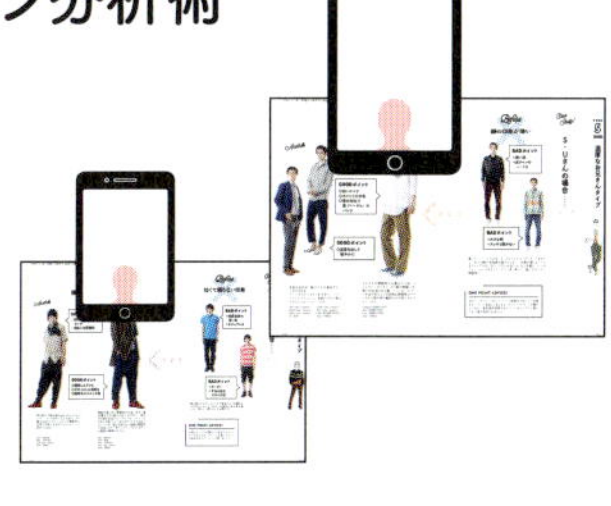

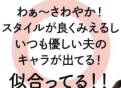

〝似合う〟をみつける88診断～9タイプ紹介～

TYPE 1

愛嬌のある好青年タイプ

IMAGE

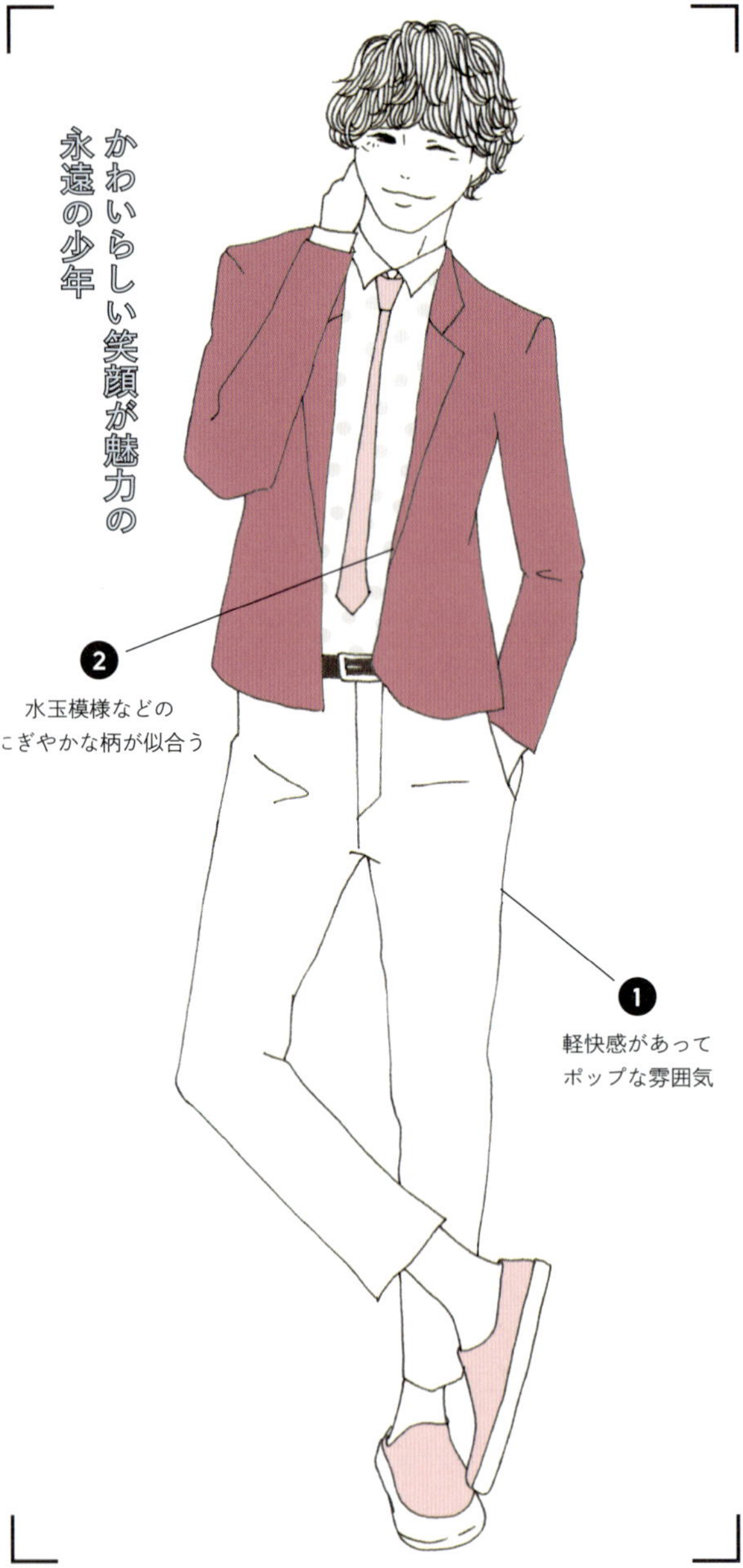
かわいらしい笑顔が魅力の
永遠の少年
❷
水玉模様などの
にぎやかな柄が似合う
❶
軽快感があって
ポップな雰囲気

THIS TYPE IS....

明るく元気な雰囲気で いくつになっても少年のような人

親しみやすくさわやか。持ち前の好奇心と行動力で、
楽しいことや面白いことをみつけると即行動！
トレンドを察知するのも得意です。
ユーモアがあるので、面白いことを言って、場を和ませてくれることも。
さっぱりした性格で、あまり物事を重く受け止めません。

♡ 恋愛や結婚の特徴 ♡

女性がほうっておけない魅力があるうえに、
行動力もあるのでいつのまにか彼のペースに乗せられてしまいます。
ただし、八方美人でふわふわしたところもあるので
パートナーとしては不安になることも。

愛嬌のある好青年タイプは 次の3つのテイストに分かれます

キュート系

童心に満ちた少年

天真爛漫で自分の感情に正直。楽しいことがあると笑い転げてしまうし、びっくりしたら目をまんまるにして驚いたりするところが魅力です。

小池徹平　堂本剛
山下智久　星野源

ソフトカジュアル系

人当たりがよい人気者

情緒が安定している柔和な人で、人見知りもせず、だれに対しても親切。仲間から親しまれて、良い相談相手となります。

小栗旬　堂本光一
福山雅治

クリアスポーティー系

さわやかな体育会系男子

礼儀正しく、竹を割ったようなさっぱりとした性格。頭の回転が速く、弁舌なめらかで、どんな相手でも説得できてしまうようなところも。

岡田将生　二宮和也
水嶋ヒロ　イチロー

TYPE 2 優しげな王子タイプ

〝似合う〟をみつける88診断～9タイプ紹介～

IMAGE

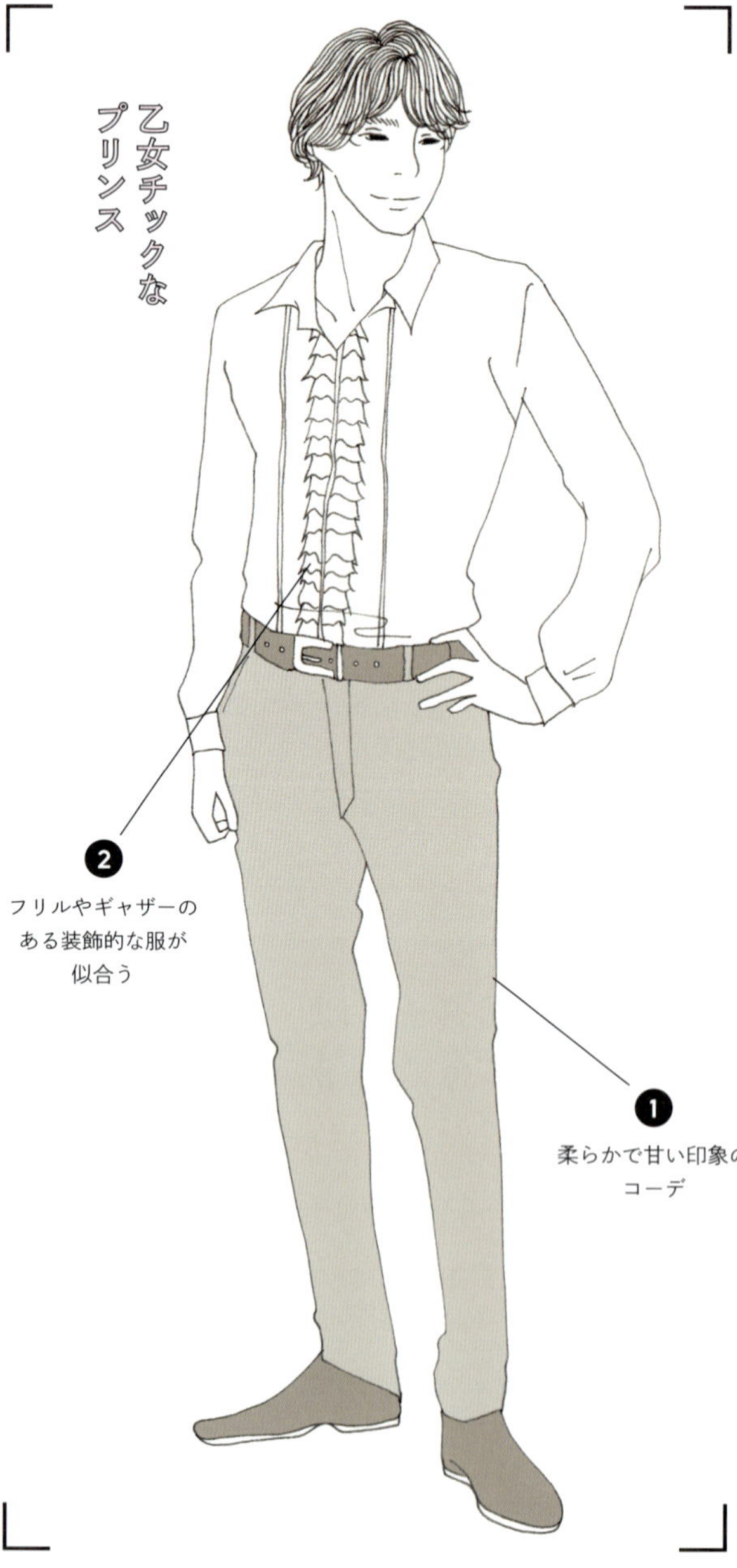
乙女チックな
プリンス
❷
フリルやギャザーの
ある装飾的な服が
似合う
❶
柔らかで甘い印象の
コーデ

THIS TYPE IS....

穏やかで優しい雰囲気の感性豊かな夢追い人

愛情に溢れ、面倒見がよく、柔らかな包容力を感じさせます。
感性が豊かで音楽や童話などを好み、
夢や理想を追い求める、純粋で自然な温かさに包まれた人です。
恥ずかしがり屋で人見知りする性格なので、
少数の気心知れた友人を大切にします。

♡ 恋愛や結婚の特徴 ♡

草食男子なのでぐいぐい来ることはありませんが、
じっくりと愛をはぐくみ、母性愛のような愛情を注いでくれます。
仕事も誠実に取り組み、家事や育児も得意なマイホームパパに。
ただし、彼の理想を押し付けられて息苦しく思ってしまうことも。
パートナーであるあなたは、きっと夢や空想に共感できる心優しい人ですね。

優しげな王子タイプは次の2つのテイストに分かれます

ロマンティック系

夢想にふける芸術家

メルヘンの世界に生きるように、美しい理想を追い求めます。職場や住環境を飾ったり、気に入ったものをコレクションしたりするのが大好き。

草彅剛　羽生結弦
高見沢俊彦　桜井和寿

フェミニン系

優美な博愛主義者

献身的で包容力のある美しい心の持ち主。母親からの強い影響を受けていて、慎み深く、禁欲的で世俗の汚れに染まりません。

櫻井翔　神木隆之介
山崎賢人　坂口健太郎

TYPE 3

"似合う"をみつける88診断～9タイプ紹介～

落ち着いた皇族タイプ

IMAGE

いかにもモテそうな
ザ・シティボーイ

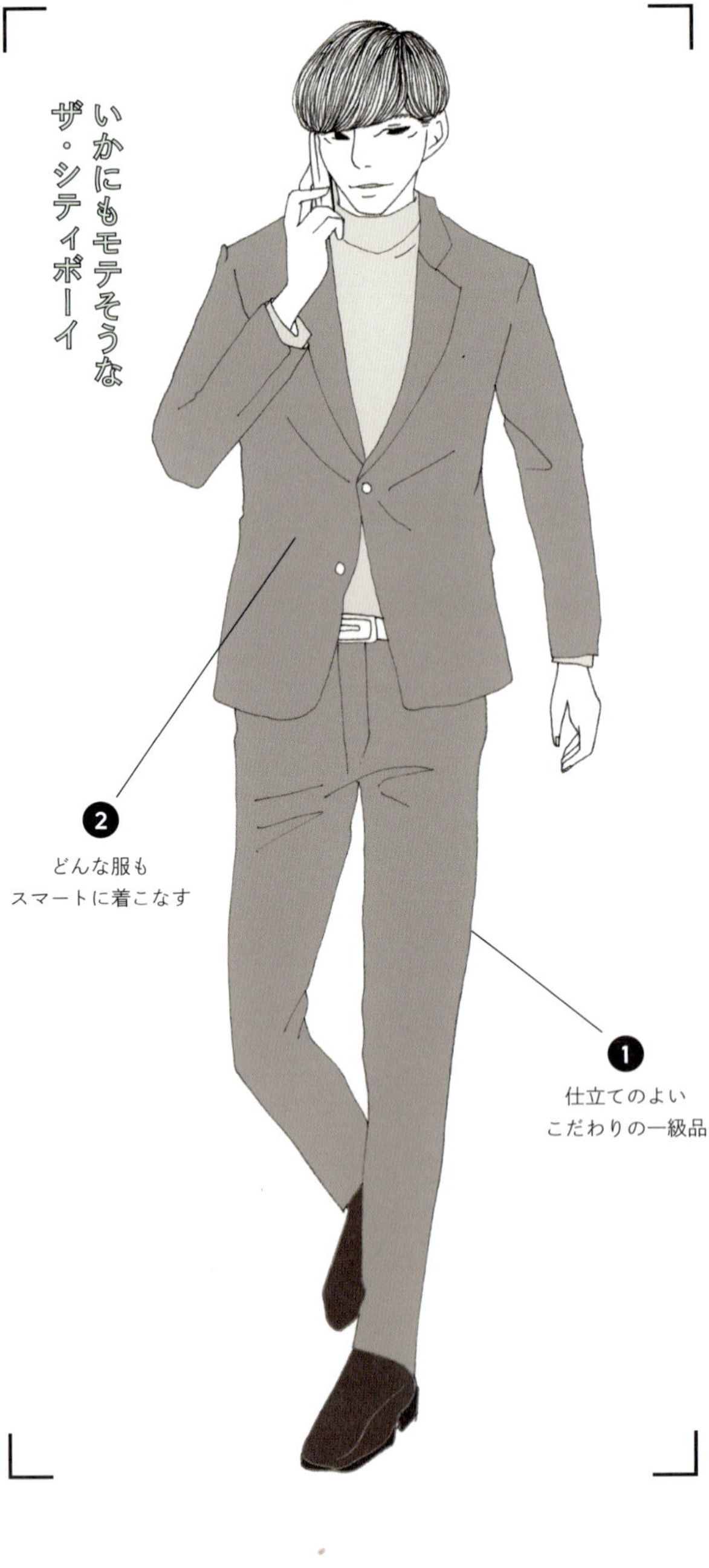
❷ どんな服も
スマートに着こなす
❶ 仕立てのよい
こだわりの一級品

THIS TYPE IS....

洗練された高貴な雰囲気で 独特の感性で批評する文化人

繊細で感受性が豊か。神々しい品の持ち主で、
言動に一般の人とは一線を画す上品さが漂います。教養があり、何事にも意識が高く、
こだわりが強いタイプです。着る服もお気に入りのブランドでかためていることも。
交友関係は広くありませんが、家族を大切にし、
信頼している人たちと深く親密な関係を築きます。

♡ 恋愛や結婚の特徴 ♡

女性を魅了するタイプでモテますが、
潔癖なうえ深い付き合いを求めるので、相手をじっくりえらびます。
親の意見も尊重しつつ、最終的には、心の通じ合えた人と結婚し、
尊敬できる妻とたがいに刺激しあいながら日々を過ごします。

落ち着いた皇族タイプは 次の3つのテイストに分かれます

ソフトエレガント系

澄んだ雰囲気の天上人

美意識が高く、世俗からかけ離れた繊細な感覚を持っています。持ち前の勘の鋭さや、その独特な発想や発言で、多くの人の期待を集めます。

瑛太　手越祐也
綾野剛　松坂桃李

ソフトモダン系

スタイリッシュなインテリ

都会的でトレンドをひっぱっていく存在です。文化度が高く批評家の一面も。イノベーションや進歩に憧れる合理主義者でもあります。

西島秀俊　田村正和
草刈正雄　徳井義実

ノーブル系

天性のエリート

生まれついての貴族的な感性に恵まれた人。見返りを求めず人に尽くす姿勢で周りから尊敬されます。神経が細いので、ストレスには要注意。

鳩山由紀夫　田口淳之介
沢田研二　小泉孝太郎

"似合う"をみつける88診断～9タイプ紹介～

TYPE 4

活発な人気者タイプ

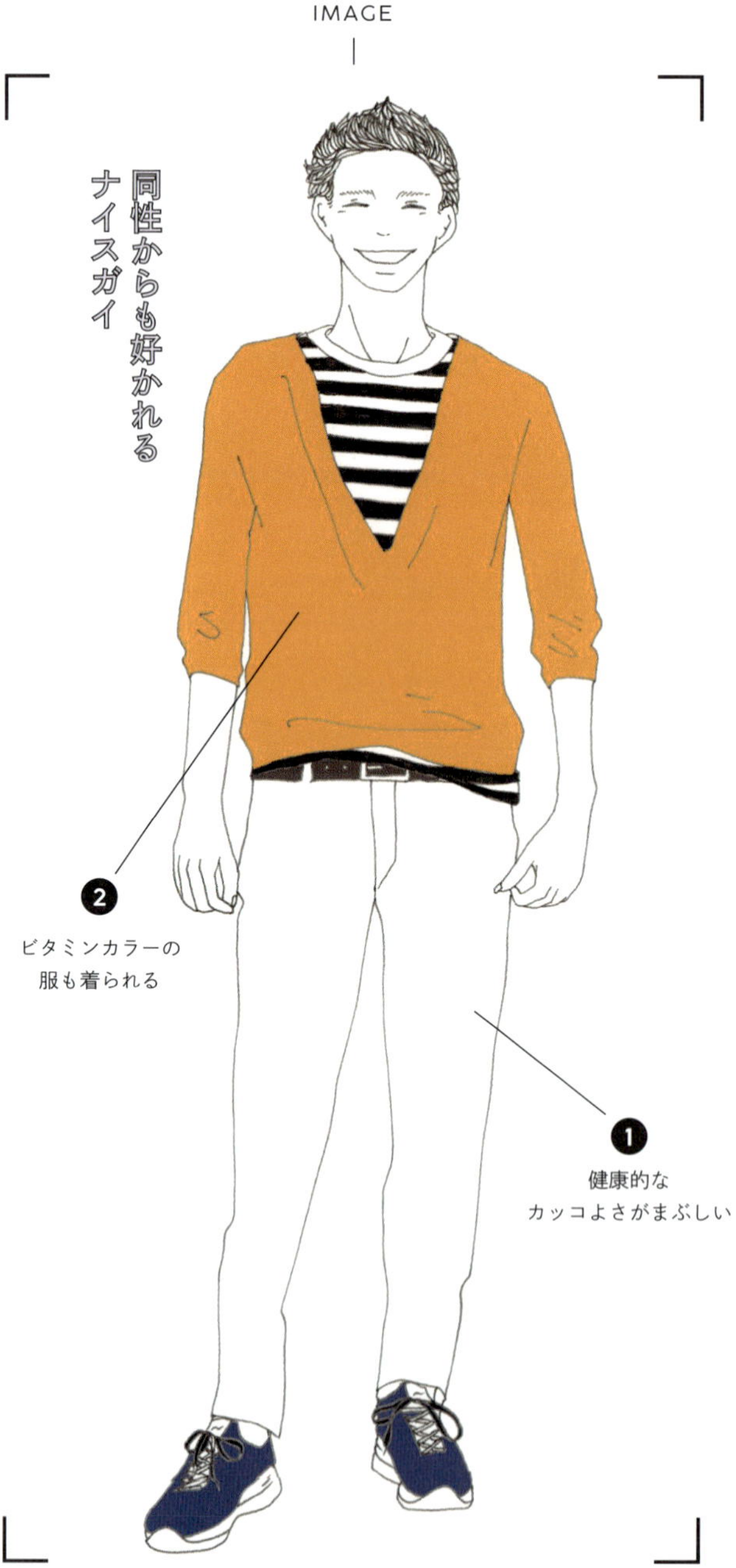
IMAGE
同性からも好かれるナイスガイ
❷
ビタミンカラーの服も着られる
❶
健康的なカッコよさがまぶしい

THIS TYPE IS....

親しみやすい開放的な雰囲気で みんなを元気にする太陽のような人

フットワークが軽く社交的で、明るく開放的な雰囲気が人を寄せつけます。話題も豊富で、ユーモアがあり、みんなを明るい気持ちにさせる太陽のような人です。マナーや礼儀もしっかりしていて、義理人情に厚く、周囲からの信頼も厚いでしょう。せっかちなところもあり、誤報や風評をうっかり信じやすく、早とちりをしがちです。

♡ 恋愛や結婚の特徴 ♡

恋人になるためのアプローチはできても、結婚では腰が重くなりがち。本気なのか遊びなのか見抜けなくて、戸惑ってしまうかもしれません。でもいざ結婚するとなると、意外なアイディアで大胆にプロポーズします。行動力があるので頼りになる夫となるでしょう。

活発な人気者タイプは 次の2つのテイストに分かれます

スポーティ系

俊敏な行動派

言葉より行動が先に立ちます。運動神経や反射神経に優れ、頭の回転も速く、説得力も持ち合わせています。礼儀もよく、周りから好かれます。

北島康介　市原隼人
松岡修造

カジュアル系

開放的な社交家

だれにでも心を開けるタイプで、明るく楽しい会話でみんなを魅了します。交友関係が広く外交的なので営業職など人と接する仕事に向きます。

中居正広　明石家さんま
大泉洋　石川遼

TYPE

5

温厚なお兄さんタイプ

IMAGE
だれからも好感を持たれる
みんなのお兄さん
❶
素朴でナチュラルな
雰囲気の服が似合う
❷
比較的どんな
タイプの服も着こなせる

THIS TYPE IS....

だれからも好かれる自然体な雰囲気で平和主義の穏やかな人

つねに情緒が安定した穏やかな心の持ち主。
誠実で温厚な素朴さがあり、良識を持った調和のとれた性格です。
目立つことが苦手で人の見ていないところで努力する
傾向があり、知的探求心が旺盛です。
自分の興味の火がつくと納得がいくまで調べるほど熱中します。

♡ 恋愛や結婚の特徴 ♡

目立つタイプではないながらも、
見る目のあるとびきりの女性がみつけ出してくれる、そんな男性です。
そして、その女性があなたですね。
じっくり順序を踏んで愛をはぐくみ、機が熟してから結婚し、
幸福な結婚生活を送ります。

温厚なお兄さんタイプは次の2つのテイストに分かれます

トラディショナル系

伝統的な常識派

秩序を重んじる慎重なタイプで、評価の定まらない新しいものより伝統あるものが好きです。良質で高価なものを買って末永く大切にします。

中村雅俊　椎名桔平
尾上松也

ナチュラル系

温厚な瞑想家

ひとりで部屋にこもり、なにかにじっくり専念する瞑想家。他人との争いを好まず、嵐になれば辛抱強く通り過ぎるまで待つ平和主義です。

妻夫木聡　大野智
反町隆史　福士蒼汰

TYPE

6

上品な貴公子タイプ

"似合う"をみつける88診断～9タイプ紹介～

IMAGE

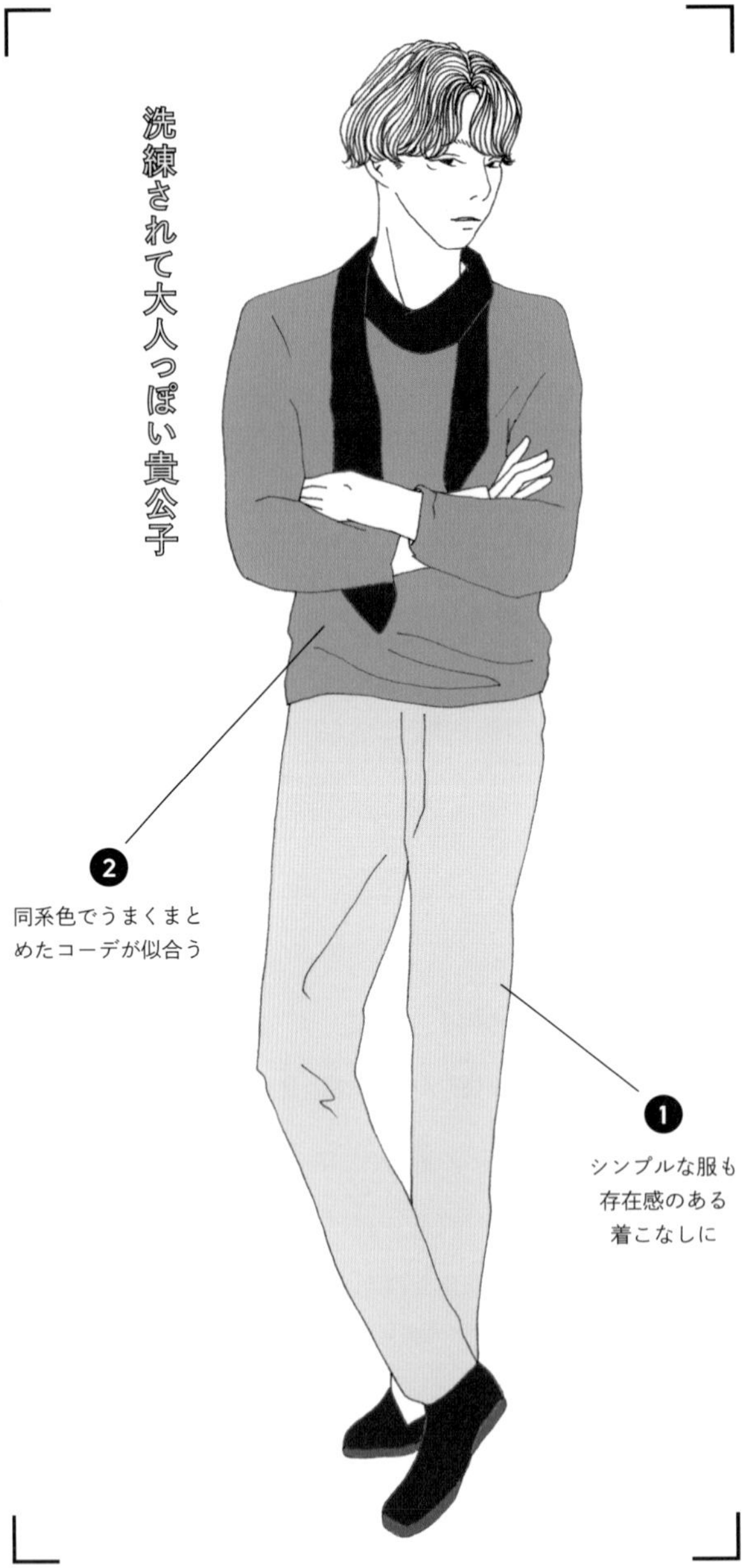
洗練されて大人っぽい貴公子
2
同系色でうまくまとめたコーデが似合う
1
シンプルな服も存在感のある着こなしに

THIS TYPE IS....

洗練された優雅な雰囲気で大人の色気が漂う人

心に余裕があり、品のあるゆったりとした身のこなしが魅力的。
静かにしていてもどこか不思議と華があり、
存在感があります。
大人びた余裕のあるたたずまいから、
実年齢より上に見られがち。

♡ 恋愛や結婚の特徴 ♡

落ち着いた大人な色気に魅了される女性は多いでしょう。
センスがよくこだわりが強いため、
女性を見る目も厳しめに。
自分の好みにぴったり合う女性をパートナーにしているはずです。

上品な貴公子タイプは次の2つのテイストに分かれます

エレガントゴージャス系

社交的な余裕派

落ち着いた大人の色気を感じさせる官能的で華やかな人。リーズナブルな服を買うときは上質感のあるものをえらばないとミスマッチに。

及川光博　赤西仁
斎藤工　hyde

エレガント系

優雅な審美主義者

内向的で落ち着いた上品な人。審美眼があるので、直観で服を買っても失敗は少ないはず。ただし、似合う服が食わず嫌いになっていることも。

高橋一生　氷川きよし
和泉元彌　田辺誠一

TYPE

7

頼もしい野生児タイプ

〝似合う〟をみつける88診断～9タイプ紹介～

IMAGE

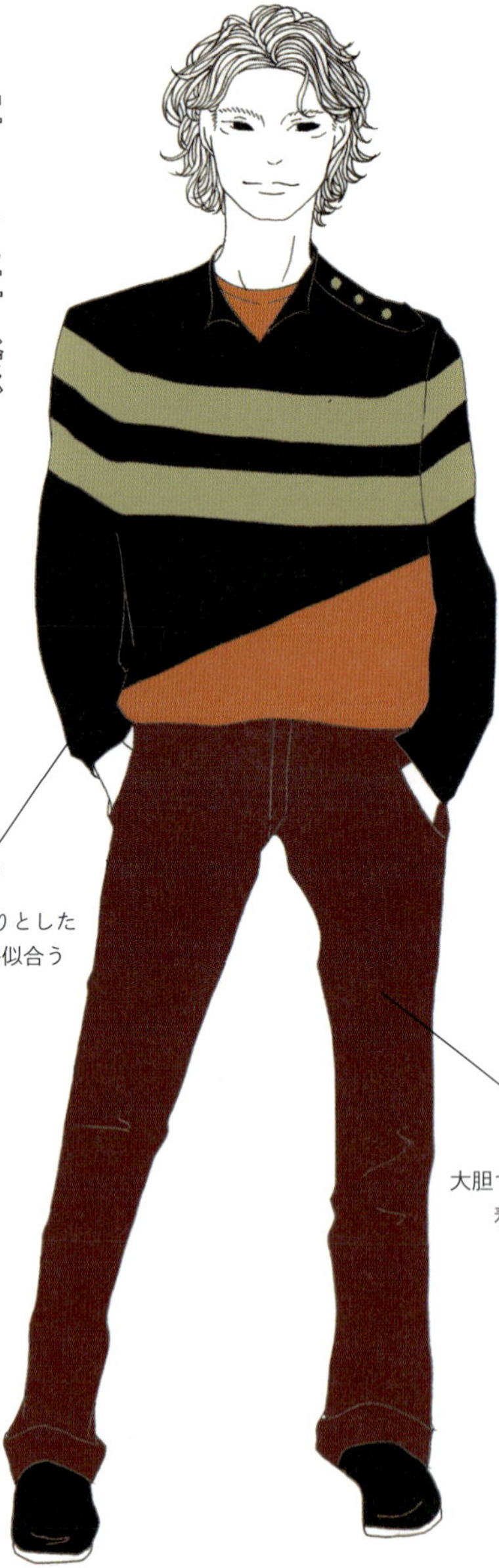

堂々とした立ち姿が
さまになる野生児

❶ 大胆で大ぶりな柄も
着こなせる

❷ 強くがっしりとした
印象の服が似合う

THIS TYPE IS....

自由で力強い雰囲気で
正義感の強い頼もしい人

力強い生命力を感じる人です。しっかりとした
軸があり、自分の信念をもとに物事を考えます。きっちりとかたくるしく
するより、思うままに自身のモラルや正義を貫いて生きています。
照れ屋な人が多く、褒められても顔には出しません。
情に厚く面倒見がよい頼もしい人です。

♡ 恋愛や結婚の特徴 ♡

恋のかけひきが苦手で、好きになるとすぐストレートに
愛の告白をしますが、冗談だと思われがち。
頼りになるタイプですが、
実際は頼りにしてくる女性よりも
自立していて包容力のある女性を好きになりやすいです。

頼もしい野生児タイプは
次の3つのテイストに分かれます

ダイナミック系

勇敢な親分

正義感に溢れ、曲がったことが大嫌い。抜群の運動神経と体力で一目置かれる存在ですが、本人は案外おっとりしています。職人気質な人。

香取慎吾　松井秀喜
山口智充

ワイルド系

野性的な狩猟家

バイタリティー溢れる起業家タイプ。山があったら登りたくなるような開拓心に溢れた人。強靱な体力と粘り強さで、難題も見事に解決。

照英　森田剛
長渕剛　稲葉浩志

エスニック系

素朴なジプシー

異国情緒漂うエキゾチックな雰囲気の持ち主。自由奔放で思うままに放浪しそうな気質。流れに身を任せながら独自の生き方を模索していきます。

森山未來　藤原竜也
宮藤官九郎　片岡鶴太郎

〝似合う〟をみつける88診断〜9タイプ紹介〜

TYPE

8

古風な紳士タイプ

IMAGE

クラシカルで
重厚感のある趣の紳士

❷
暗いトーンの色がスマートな印象に

❶
キザったらしいファッションがカッコよく見える

THIS TYPE IS....

凛々しく堅実な雰囲気で
真面目で男気のある騎士のような人

仕事や役割に忠実で義侠心が強く、
積極的に目立とうとするタイプではないですが、
裏の立役者、縁の下の力持ちという言葉が非常に似合います。
一度決めたことを貫く信念の強さは、
騎士や武士を思わせるほど男気があります。

♡ 恋愛や結婚の特徴 ♡

端正で凛々しい魅力があるので、根強いファンがいるでしょう。
自分の意志を曲げないので、これはと思った相手に
大胆にプロポーズして早婚になるケースが多いです。
自分にも他人にも厳しくふるまうタイプなので、
好きに泳がせてくれる度量の深い女性が合います。

古風な紳士タイプは
次の2つのテイストに分かれます

ダンディ系

有能な戦略家

意志が強く、初志を貫徹する人。いざというときには、戦略を練り勝負を仕掛ける一面も。口数は少ないものの他人の心理を読むのは得意です。

木村拓哉　速水もこみち
伊藤英明

クラシック系

端正な騎士

正義感が強く、忠誠を誓った相手には尽くします。普遍的な価値を尊重するため、ファッションも保守的で、ブランド品などを好みます。

三浦春馬　稲垣吾郎
松田翔太

“似合う”をみつける88診断～9タイプ紹介～

TYPE

9

厳格な王様タイプ

IMAGE
天性の華がある
ロックスター
❷
堂々とした
仁王立ちが
さまになる
❶
ハードな服が似合う

THIS TYPE IS....

威風堂々とした雰囲気で円熟した色気のある人

厳格で成熟した存在感があり、子どもの頃から落ち着いています。
物事の真理を見据えており、
自分自身の中に揺るがない価値基準を持っています。
なにか困ったことがあったときに助けてくれそうな
安心感や包容力を感じさせる精神的にも大人な人です。

♡ 恋愛や結婚の特徴 ♡

若いころから威風堂々とした風格で女性を魅了します。
一見、恐そうな印象を持たれてしまいますが、
円熟味が増す頃には年下の女性からモテモテに。
ちょっとのことでは動じないどっしり構えた女性と
生涯をともにする人が多いでしょう。

厳格な王様タイプは次の3つのテイストに分かれます

フォーマル系

威厳ある学者

学者のような堅実なタイプ。教養に恵まれた礼儀正しい人で、周りから信頼されます。厳格な雰囲気に色気が宿る人です。

役所広司　松本潤
岡田准一　竹野内豊

ハードモダン系

孤高のアントレプレナー

知的好奇心が強く、先進的な技術に興味を持つ時代の寵児です。シルバーの髪など独創的な外見でも違和感がないアーティスティックな人。

中田英寿　GACKT
YOSHIKI　菅田将暉

ゴージャス系

輝かしい富豪

王者や富豪のようにギラギラとした輝きがあり、華美な装飾が嫌味にならない天性の華やかさを持っています。円熟した大人の色気があります。

上地雄輔　松方弘樹
筒井道隆　阿部寛

Step 1 88診断タイプ別説得術 〜こう言えば彼もやる気に〜

さて、ここで問題になるのが、**「はたして夫や彼氏をやる気にさせられるのか？」**ということ。これまでも、服を買いに行き、ヘアサロンに送り込んだかもしれません。そして、「よくなったかも！」と喜んだのもつかの間、数週間経つと、またいつもの服ばかり着はじめて元に戻ってしまい振りだしに……。これでは途方に暮れてしまいますよね。

なぜこうも思いどおりに変わってくれないのか？　それには理由があります。

実は、**ファッションに興味がない男性にも無意識の好みがある**のです。その好みが、「本人が落ち着くファッション」と「落ち着かないファッション」としてあらわれます。そのため、女性が自分の好みでえらんでしまうと本人が着なくなってしまうのです。

そこで、大事になるのは〝**本人の意見**〟です。やる気を引き出して、積極的に自分の好みを言ってもらいましょう。そうすれば、ずっと着られるお気に入りの服をえらべます。

では、肝心の「やる気にさせる方法」ですが、これはその男性の性格によりますよね。実は、さきほどの88診断によるタイプ分けで効果的な説得法がだいたいわかります。これからご紹介するタイプ別説得術をぜひ試してみてください。

①③⑦⑨はわかりやすいですが、あいだに位置する②④⑥⑧のタイプの人はどちらの可能性もありますので両方を参考にしてみてください。
⑤タイプはABCDの4つのうちどれに当てはまる可能性もあるので難しいですが、ぜひご本人の性格に照らし合わせて、いちばん当てはまりそうな説得術から試してみてください♪

TYPE

A

「似合う服」を着てもらうためのタイプ別説得術

感覚×共感でうごく型

あてはまるタイプ

①愛嬌のある好青年
②優しげな王子
④活発な人気者
⑤温厚なお兄さん

POINT

ここがポイント！

楽しいことだと思わせて、買い物に連れ出す

好奇心旺盛でフットワークの軽いタイプなので、あれこれ事前に説得するよりも、買い物に連れ出してしまえばOK！ちゃんとバッチリ似合う服を試着させることができれば、きっと納得して受け入れてくれます。「こういう服をえらばなくちゃいけない」と強制されると心を閉ざしてしまうので、ちょっとしたイベントとして楽しく提案するのがおススメです。

PHRASE

このひとことでうまくいく！

「一緒にオシャレを楽しもう！」

CAUTION

やりがちなNGパターン

ダメ出しをしすぎる

タイプAの男性は、友達感覚で付き合えるので、女性側もついストレートに「野暮ったい」「その服、似合わないよ」など否定的な言葉を使ってしまいがちに。相手のテンションを下げてしまっては台無しなので、「親しき仲にも礼儀あり」で気をつけましょう！

TYPE

B

「似合う服」を着てもらうためのタイプ別説得術

理論×共感でうごく型

あてはまるタイプ

②優しげな王子
③落ち着いた皇族
⑤温厚なお兄さん
⑥上品な貴公子

POINT

ここがポイント！

いまの服を褒めながら、論理的に別の服をすすめる

こだわりが強く、「自分にはこういう服が似合う」「これは似合わない」という思い込みを持ちがちなタイプです。

でも、論理的にちゃんと説明すれば納得します。相手の好みを否定するのではなく、本人のセンスを褒めて共感を示しながら、「これまで経験してこなかった雰囲気の服にも挑戦してほしい」と足し算するように提案していくと受け入れてもらえます。

PHRASE

このひとことでうまくいく！

「〜だから、こういう服も似合うよ」

CAUTION

やりがちなNGパターン

「なんとなく似合いそう」と感覚ですすめる

知性的なBタイプには、あいまいな理由で提案すると「自分のことは自分がいちばんわかってるから」とあしらわれてしまいます。88理論を引用しながら、自信をもって説得してみてください。きっと意見を尊重してくれるようになります。

TYPE

C

「似合う服」を着てもらうためのタイプ別説得術

感覚×提案でうごく型

あてはまるタイプ

④活発な人気者
⑤温厚なお兄さん
⑦頼もしい野生児
⑧古風な紳士

POINT

ここがポイント！

あれこれ説明せずに、率直にお願いすればＯＫ！

仕事や趣味に精力的であるがゆえに、見た目への気づかいがおざなりになりがち。実際に体感したほうが納得するタイプなので、試着してしっくりくれば素直に取り入れます。「お願い、ちょっと付き合って」と頼むと快く応じてくれる面倒見のいい人なので、あれこれ説明するのは省いて、とにかく連れ出しましょう！　照れ屋の人も多いので褒められても顔には出しませんが、内心は喜んであなたがえらんだ服をずっと着ます。

PHRASE

このひとことでうまくいく！

「お願い！付き合って」

CAUTION

やりがちなＮＧパターン

他人が着ている写真を見せる

「こういう服が似合うんだって」と、雑誌でモデルが着ている写真を見せるだけでは、実感が湧かず興味を持ってくれません。Ｃタイプの人は、自分が着てみて初めてピンとくるので、とにかく試着させるのが手っ取り早い方法です。

TYPE

D

「似合う服」を着てもらうためのタイプ別説得術

理論×提案でうごく型

あてはまるタイプ

⑤温厚なお兄さん
⑥上品な貴公子
⑧古風な紳士
⑨厳格な王様

POINT ここがポイント！

コスパやメリットなど合理的な理由を提示する

お金や時間のムダを嫌い、「見た目への気づかいはビジネスや人生に有利に働く」という理屈が最もささるタイプです。「コスパがいい」「こんな効果がある」などのメリットを丁寧に説明してください。合理的だと思えたらやる気になります。

強いこだわりを持ち、特定のブランドでかためている人も多く、その場合は、愛着のあるブランドのなかから似合う服を探してあげるのも手です。ほかのブランドも着てもらいたいときは、気軽に試せる小物からすすめていきましょう！

PHRASE このひとことでうまくいく！

「コスパがいいよ」

CAUTION やりがちなNGパターン

服えらびに時間をかけすぎる

時間のムダを嫌うDタイプは、だらだらとショッピングするのが苦手。事前にお店や服のめぼしをつけておき素早く提案するなど、効率を意識しましょう。

HAPPY BEFORE-AFTER

リアル夫改造計画

タイプ分け篇

奥さまが夫を88診断！
中川さん＆奈良さんは何タイプだったのでしょうか？

中川さんは…

②優しげな王子タイプ

中川さんは、ごりごりの男っぽさはなく、明るく物腰の柔らかい人で、②優しげな王子タイプが主で、そのほかにも⑤温厚なお兄さんタイプも似合います。

体の線が細いので、すらっとしたシルエットの服が似合い、明度の高い軽さを感じる優しい色合いが良いでしょう。有名人でいえば、アイススケート選手の羽生結弦さんのようなイメージです。

奈良さんは…

⑤温厚なお兄さんタイプ

奈良さんは俳優の妻夫木聡さんのような自然体で飾り気のない雰囲気が似合います。「優しく甘いタイプ」と「男らしく強いタイプ」のちょうど中間です。「無印良品」のように、アクがなくてだれからも好感を持たれるナチュラルな印象です。そのため、素材感は軽すぎず重すぎない中間、色の対比をつけるほどの強さも不要です。奈良さんの場合は、③落ち着いた皇族タイプも似合います。

P.68 からいよいよ実践編に突入！ 服を大胆チェンジ！

HUSBAND & BOYFRIEND
HAPPY BEFORE → AFTER

STEP 02

内面と一致する「似合う」服を着る

P067-140

彼の「似合うタイプ」がわかったら、
まずは服から似合うものに変えていきましょう。
ファッションコーディネートと聞くと難しいテクニックが
必要そうに感じますが、実際はとてもシンプル。
色・形・柄・素材を彼の「似合うタイプ」に合うものをえらべばOKです。
88診断の9タイプマッピングをイメージしながら、
彼に似合うコーディネートを考えてみましょう。

Step 2

88診断でわかる「似合う」服

特徴をおさえるだけで服えらびがラクになる

さて、88診断の結果はいかがでしたでしょうか？　左の図のように2軸を掛け合わせて似合う服を考えます。たとえば①の人は「女性的」で「活発な雰囲気の出る」服、⑤の人は「中性的で偏りのないもの」が似合います。「似合うタイプ」だけではなく、「似合わないタイプ」もご覧いただくのがおススメです。コーデ失敗の最大要因は、似合わない服をえらぶこと。これを避けられるだけで、オシャレ度はぐっとあがります。

●A（左上）　親近感がある／柔らかく活発な雰囲気が似合う人
●B（右上）　洗練されている／柔らかく知的な雰囲気が似合う人
●C（左下）　エネルギッシュ／かたくて活発な雰囲気が似合う人
●D（右下）　信頼感がある／かたくて知的な雰囲気が似合う人

HAPPY
＝
BEFORE
AFTER!

リアル夫改造計画
〜妻の気づき篇〜

それはふとした妻の気づきからはじまる

奈良家 のとある休日

休日に楽しくお出かけ〜♪

んっ、
だんなさんの服、
街で見ると
ふつうすぎて、
なんだか
イマイチ……

せっかくなんだから
もっとオシャレ
すればいいのに…

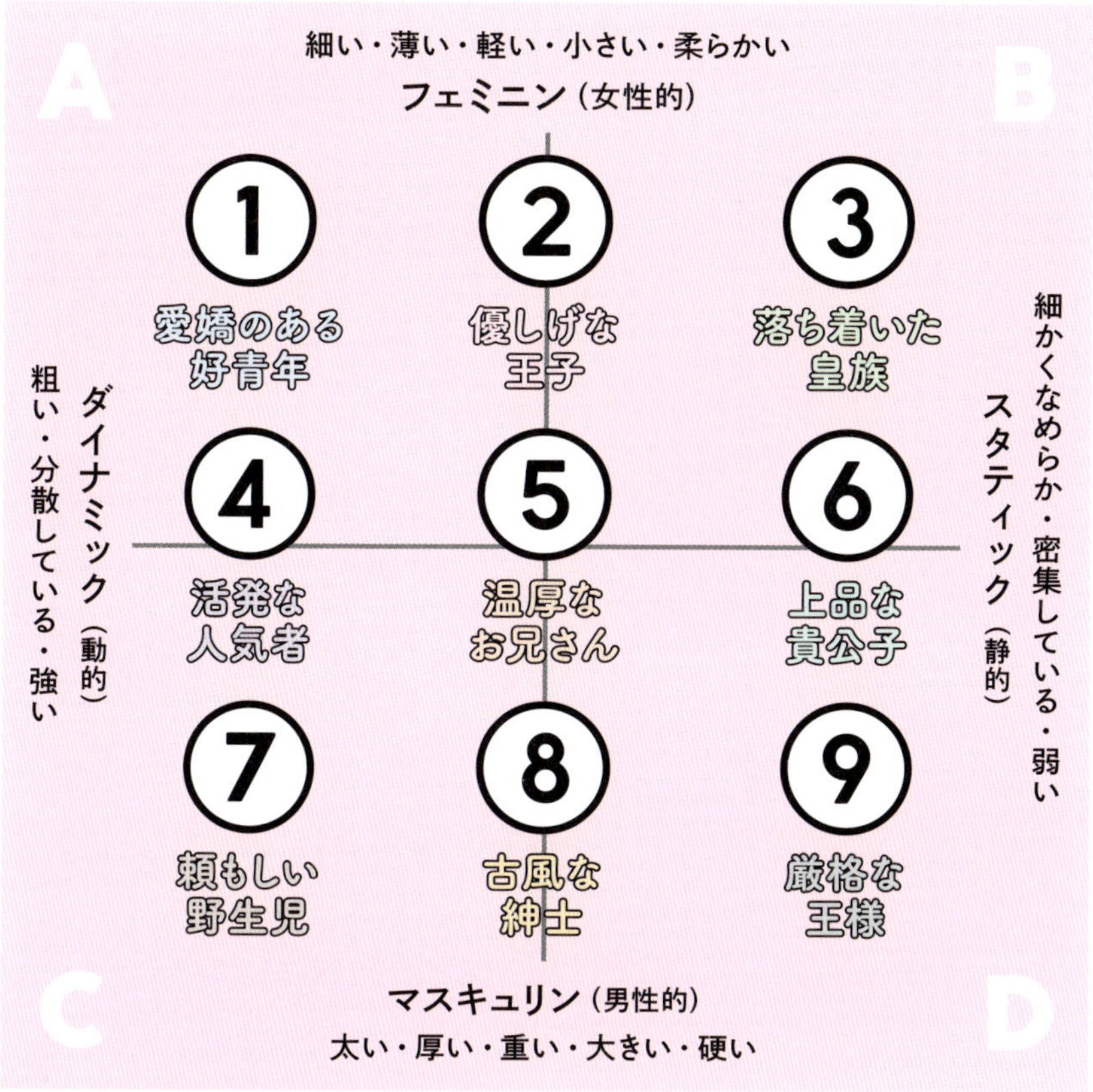

位置が近いタイプ同士は似ているので、たとえば、①愛嬌のある好青年タイプの人にとっては、②優し気な王子タイプや④活発な人気者タイプの服は比較的似合います。逆に自分に似合うタイプと位置が遠いタイプほど似合わなくなるので、①愛嬌のある好青年タイプにとっては、真逆に位置する⑨厳格な王様タイプは最も似合わないファッションといえます。

中川家のとある休日

今日はひさしぶりに
なかよし友人夫婦とのお食事会！

う〜む、結婚当初は
もっとカッコよかったのになぁ。

なにを着たら
あか抜けた印象に
なるんだろう？

奥さま！ あなたなら
夫をもっとカッコよく
変身させられます！
とってもカンタンです！

トータルスタイル
プロデューサー
三村愛

Step 2

9タイプ別「似合う」色

似合う色は、「制約」と考えずに上手に活用！

左の図が、各タイプに「似合う」色です。88診断は「パーソナルカラーの進化版のような技術」とも言われ、4シーズンの括りにおさめるのでなく、色相や色調との調和の具合も見ることで、その方の外形だけでなく内面にも合う色を分析します。

パーソナルカラー診断を受けた人からは、「お店で気に入った服が、自分の色と一致していなくて買えなくて残念だった」という声も聴きます。88診断の「似合う」色には、そこまでの制約はありません。色だけなら似合わない服でも、形・柄・素材の要素が似合えば、ちゃんと着こなすことができるようになっているからです。「似合う」色を参考にしつつも、色に縛られず自由にファッションを楽しんでください♪

HAPPY BEFORE AFTER!

リアル夫改造計画 〜ショッピング篇〜

ではさっそく、はじめましょーっ！

本書のSTEP1で「88診断」をしたあとに、ショッピングへGO!

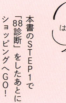

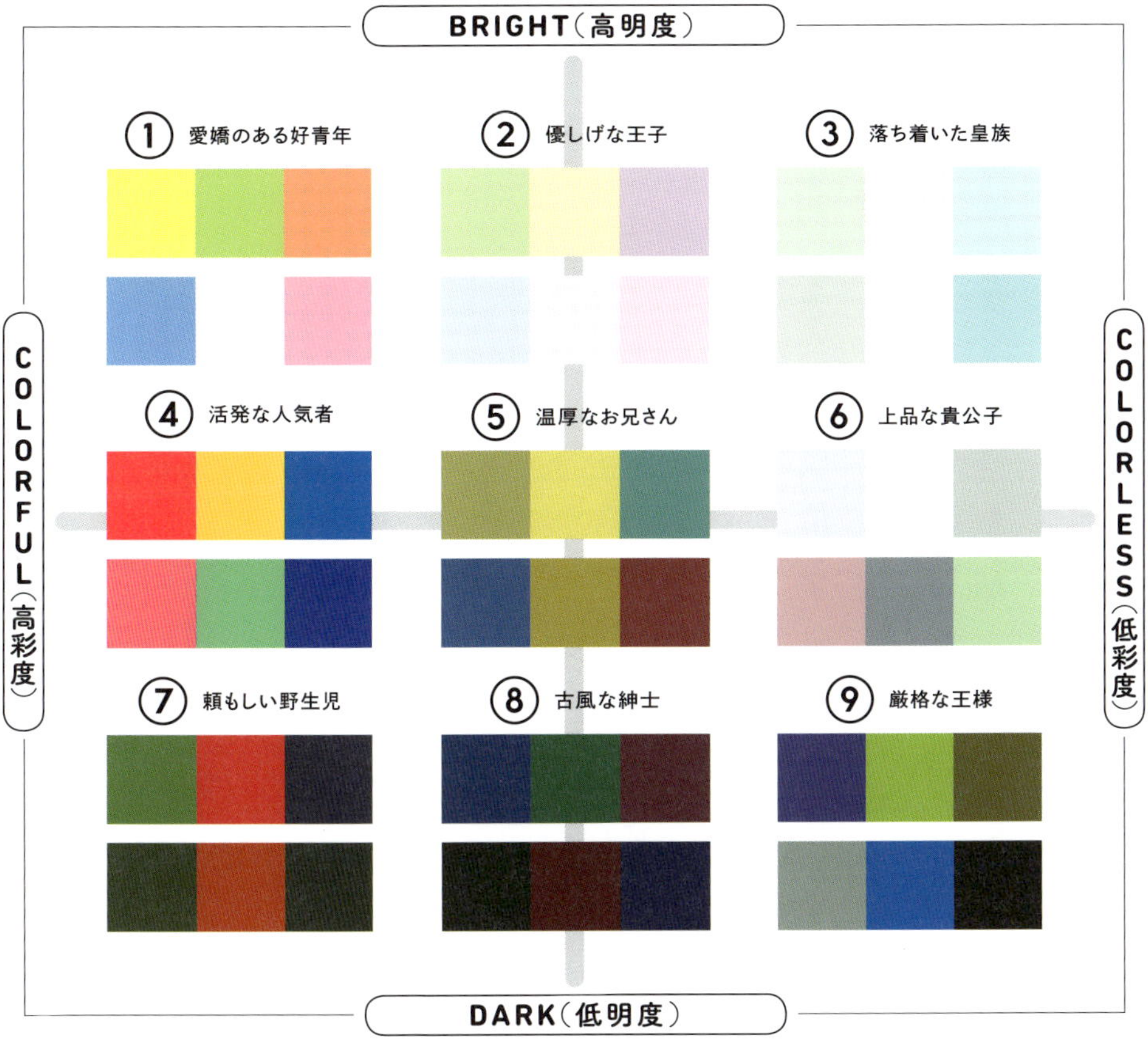

上のほうは、明るい雰囲気の色、下へいくほど暗い色です。ただし、色の明るさのみならず、色のコントラストの強弱も大事になってきます。左側は、コントラストがはっきりしていて、右へ行くほどは弱くなっていますね。色のコントラストが強くなるほど、動的な雰囲気になり、弱まるほど静的な雰囲気をもたらします。これが、その人の印象を大きく変えるのです。

88診断で判明したダンナさんのタイプに合う服をえらんであげてください！

いつもの行きなれたお店で大丈夫です！

Step 2

9タイプ別「似合う」形・柄・素材

似合うタイプの形・柄・素材をえらぶ

服を構成する要素——色・形（シルエット）・柄・素材——を、自分の似合うタイプのものに近づけるのが、えらび方のコツです。

たとえば、柔らかくてろっとした服は、ダイナミック寄りの人が着るとだらしなく見えてしまいますが、スタティック寄りの人が着ると魅力的に見えます。

●A（左上）小さくて密度の低い柄／三角形／軽やかでハリのある素材

●B（右上）小さくて密度の高い柄／楕円形／軽やかで柔らかい素材

●C（左下）大きくて密度の低い柄／台形／重くてハリのある素材

●D（右下）大きくて密度の高い柄／長方形／重くて柔らかい素材

HAPPY
BEFORE
AFTER!

リアル夫改造計画
〜服えらび篇〜

⑤温厚なお兄さんタイプがメインで、③落ち着いた皇族タイプも入っている奈良さん。明るめのアースカラーやスッキリ感のあるグレーが似合います。木綿や絹などの軽めの素材で、素朴でナチュラルなものをえらんでください。

奈良さんに似合う色

実際のファッションを座標に当てはめてみると、上の段の３人はどこか女性的な印象があり、真ん中の段が中性的、下の段が男性的です。

左側の列の３人は、色の対比がはっきりしており、動的な雰囲気です。逆に右側の列は、色の対比が弱く成熟した落ち着きを感じます。

②優し気な王子タイプがメインで、⑤温厚なお兄さんタイプも入っている中川さん。ペールカラーやくすみのある落ち着いたグレーのほか、明るめのアースカラーも似合います。柄は小さいもの細いもの、素材は薄手でストレッチ性が高い服が似合います。

中川さんに似合う色

Step 2

「似合う」服なら体型をカバーできる

似合う要素50%を目指してコーディネート

服の色・形・柄・素材をそれぞれのタイプに似合うものにするのが、コーディネートの成功にはとても大事なことです。

でも実際には、「透け感のある薄手の服が似合うといっても、冬にそんな服は着られない」「華やかな色の服はオフィスでは着にくい」など、季節やTPOなどの事情で、そのタイプにぴったり似合う服をえらべないことも多いですよね。

そこでお伝えしたいのは、似合う要素が100%である必要はなく、色・形・柄・素材のどこかに取り入れれば十分ということです。比重は次のとおりです。

色40%・形30%・柄20%・素材10%

目安としては、合計で50%を超えれば大丈夫です。つまり、「冬に薄手の服は

HAPPY ≡ BEFORE AFTER!

リアル夫改造計画
〜コーディネート篇〜

自然体でありながら、カジュアルすぎないコーデに

着られない」という場合にも、素材の比重は10%だけなので、色や柄に似合うものを取り入れて50%以上にすればバッチリ。「華やかな色は抵抗がある」という人も、形・柄・素材を工夫すれば十分に似合うコーディネートができます。

似合う服さえ着れば、自然とスタイルもよく見える

ところで、背が低いことや、太っていることを気にしている男性もいらっしゃいますよね。巷のコーディネート術も、体型をどうカバーするかが第一で、本人に似合うかどうかが置き去りにされています。

でも実は、「似合う」服には、体型をキレイに見せる効果があります。似合わない服を着ているからこそ、アラが目立ち、体型のマイナスポイントに目がいってしまうものなのです。

とはいっても、「太っているのに、細身のシルエット（形）が似合うタイプだった。どうすればよいの？」と疑問に思う方もいらっしゃると思います。たしかに、そういった場合は似合う形を作るうえでハードルとなることもあると思います。しかし、さきほどお伝えしたとおり、形の比重はたったの30%。残りの70%である色・柄・素材を工夫すれば、十分に体型をカバーできるのです。

優しい雰囲気に少し真面目な要素を加えたコーデで素敵な大人に！
惚れなおした♡
ばっちりキマってますね！
STEP3でヘアスタイルを変えます！おたのしみに！

9タイプ別「似合う」服

TYPE 1

愛嬌のある好青年タイプ

Step 2

福山雅治さんや小池徹平さんのように、さわやかで、少年のように明るく親しみやすく、年上からかわいがられるようなチャーミングな雰囲気が出ると魅力が際立ちます。フェミニンでありながらもダイナミックなタイプですので、薄くて軽く柔らかく、なおかつ強度もあるような素材、細い・小さい・低密度の柄が似合います。

具体的には、素材はコットンサテン・ジャージ生地などの、ソフトでサラサラと肌ざわりがよく、軽快感が出るような、薄手で軽くうごきやすいものベストです。春夏っぽい通気性のよい素材感もおススメです。

休日ファッション

POINT!
ラフな雰囲気のカーディガンを着るときも、襟付きのシャツなどをインナーにしてきちんと感を出します

差し色に明るい色を使って軽やかに！

細い糸で編んだニットが◎

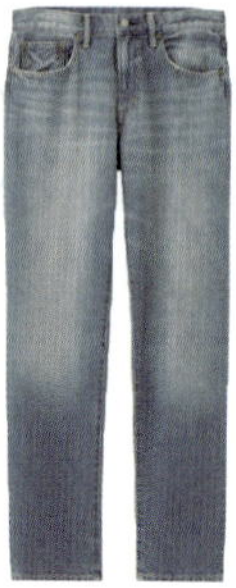

濃紺などの重い色ではなく、明るめのブルーにして軽さを出します

Cardigan: ADAM ET ROPÉ
Pants:UNIQLO

似合う色合い

COLOR

白をベースにして、ビビッドカラー／ペールカラー／紺・グリーン・黄を合わせる

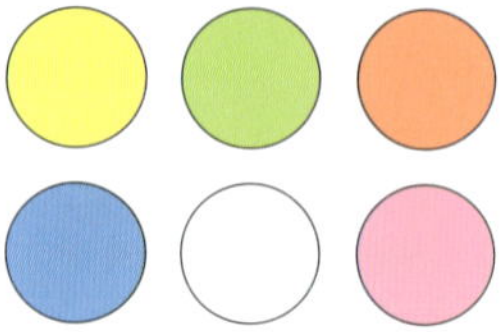

動きやすいナイロン素材などのハリがあって軽い素材のパーカーやトレーナーがとてもよく似合います！

直線的な柄をとりいれると、スッキリ感が出てGOOD

ハリがありながらも、軽やかな素材がベストです

Parka : UNIQLO
Shirt : SEVENDAYS=SUNDAY
Pants : PLST

ベースが白地であれば、黒が入った服でも軽さがでるのでOK！　ただし、ボトムは明るめのベージュにして軽さをアップ！

奇抜すぎない程度に、ちょっと遊び心のある服が似合います

Shirt : SEVENDAYS=SUNDAY
Pants : UNIQLO

Shirt : PLST
Pants : BANANA REPUBLIC

コーディネートのポイント

COORDINATE

- 男くささをあまり出さないほうがよいので、ぴったりした服などの体のラインが出て肉感的になるものは避けた方が◎
- 引き締めには黒は用いずに、キャラクターやギンガムチェックなどの柄物や明るくビビッドな差し色を用いて、楽しい雰囲気を出してください。
- カジュアルファッションが似合いますが、ラフになりすぎずに、きちんと着るのがポイント！シャツのボタンはいちばん上までとめるとGOOD です。

似合うスタイル

STYLE

マリンスタイル　アイドルルック

似合う柄

PATTERN

ギンガムチェック　ドット柄

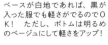

TYPE

1

愛嬌のある好青年タイプ

お仕事&ちょっぴりきちんとファッション

お仕事着でも明るさはマスト！ ネクタイやシャツは差し色を

Shirt: UNIQLO
Pants:BANANA REPUBLIC
Tie: nano・universe

持っていたら便利！ ①タイプさんにおススメ定番服

ベージュ色のジャケットは、1枚持っておくと便利です！ 優しい雰囲気が似合うので、襟や肩のラインが鋭角にならず、体を絞りすぎないシルエットのものが◎

Jacket : SEVENDAYS = SUNDAY

ブルーや白などの清涼感がある色を組み合わせてスッキリとしたコーディネートでさわやかに！

POINT!

ネクタイは、太くもなく細くもなく一般的なサイズのもので、明るい色で光沢感のないマットなものが似合います。明るく楽しい雰囲気の出るドットやチェック、ストライプなどの柄がおススメです。ペイズリー柄など不規則な柄は似合わないので要注意！

引き締めるための差し色は、黒ではなくネイビーが◎

Shirt: UNIQLO
Pants:UNIQLO
Tie: nano・universe

Jacket: JUNRed
Pants:UNIQLO
Tie: nano・universe

Parka: UNIQLO

Shirt: nano・universe

ストライプの直線のスッキリ感がさわやかな魅力を出してくれます

Shirt: UNIQLO

明るく、かつ主張しすぎない色合いで、柔らかさとかわいらしさが出ます

TYPE 1

愛嬌のある好青年タイプ

Case Study!

Y・Mさんの場合……

Before

暗く不健康に見える

BADポイント

×重い雰囲気がマイナスに
×シンプルさが地味な印象に

BADポイント

×強さが毒になる
×スッキリしていない

①タイプの人には、明るく、活発でさわやかな雰囲気が必須なのですが、この2つのコーディネートはその真逆。シンプルなデザインの服は、地味で貧相な印象になりがちです。赤×黒のボーダーやグレー×黒など重い色の組み合わせだと野暮ったく見えます。

ONE POINT ADVICE!

ボーダーを着るなら、線の細いネイビー×白をえらび、明るい印象になるように、ブルーデニムを合わせ、腕時計やリュックで黄色の差し色を入れるなど工夫しましょう。

After

明るくさわやかな印象に！

Another

GOODポイント
○白いシャツ
○ポイントに水色

GOODポイント
○青の対比となる黄（ベージュ）のパンツ

シャツにブルーが入るスッキリ感が、①タイプに必須のさわやかさをプラスしてくれます。

Cardigan: 私物
Shirt: nano・universe
Pants: YOTA TOKI
Shoes: nano・universe

青の対比色である黄（ベージュ）のパンツを合わせることでコントラストが強くなり活発な印象になります。本人の軽快な雰囲気とマッチして魅力が増します。

Jacket: nano・universe
Shirt: BANANA REPUBLIC
Pants: nano・universe
Shoes: nano・universe

9タイプ別「似合う」服

TYPE 2

優しげな王子タイプ

Step 2

草彅剛さんや櫻井翔さんのように穏やかで優しい雰囲気を出すと魅力が際立ちます。

フェミニンなタイプなので、細く・薄い・軽い・小さい・柔らかいものが似合います。ダイナミック（動的）とスタティック（静的）の中間に位置しているので、細かさや密集度はほどほどのものがベターです。

具体的には、薄手でストレッチ性が高い服やふわふわした感触のアンゴラや起毛素材が似合います。

休日ファッション

細い糸できっちり
細かく編まれている
ようなニットが◎

ぴったりしすぎないパンツ
が似合います

Knit : SEVENDAYS=SUNDAY
Pants: PLST

似合う色合い

COLOR

白／オフホワイト／ペールカラー
明るめのグレーが混ざったような
にごりのあるパステルカラー

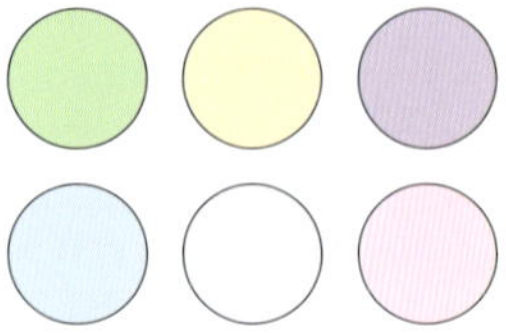

POINT!
上質な部屋着のような
肩ひじ張らない
リラックスした雰囲気の
服が似合います

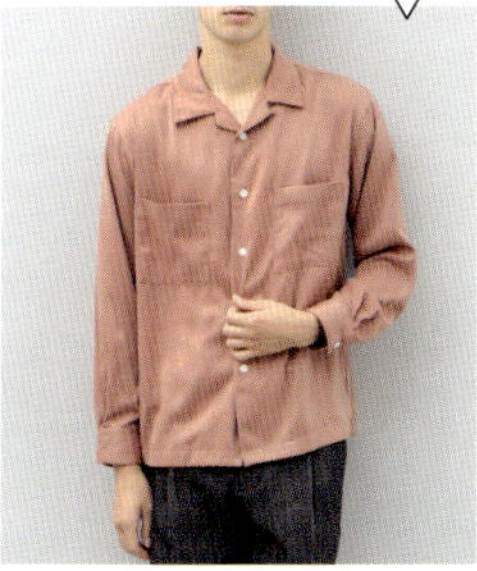

Shirt : ADAM ET ROPÉ
Pants: UNIQLO

ウールやアンゴラのような優しい
肌触りの素材をえらんでください

Cardigan: ADAM ET ROPÉ
Shirt: UNIQLO
Pants:GU

コーディネートのポイント

COORDINATE

- 上品な雰囲気を出すために、胸元が大きく開いた服や、タンクトップなどは避けて露出控えめの着こなしに。体にぴたっとくっつかないゆるやかなシルエットが似合います。
- ふんわりとした柔らかさがでる白っぽいコーディネートが似合います。ピンクやベージュなどの甘い色を差し色にすると素敵です。
- 柄モノは近くで見ないと無地に見える織り柄や細い縦じま模様や細かい草花柄など、目立たないものがベストです。

似合うスタイル

STYLE

アナウンサー風　王子様ルック

似合う柄

PATTERN

無地　織り柄

TYPE

2

優しげな王子タイプ

お仕事&ちょっぴりきちんとファッション

POINT!

優しい雰囲気の人なので、男くさい服を着ると、その重さに負けて、なよっとした雰囲気になってしまいます。女性的な雰囲気のほうが魅力が際立つので、「カッコいい」よりも「上品なきれいさ」を目指してください

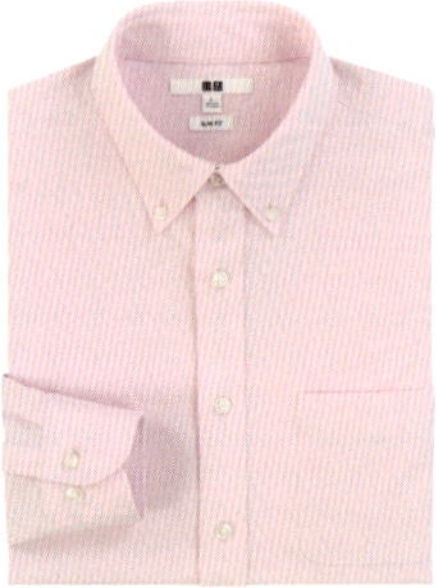

差し色にピンクを使うのが◎

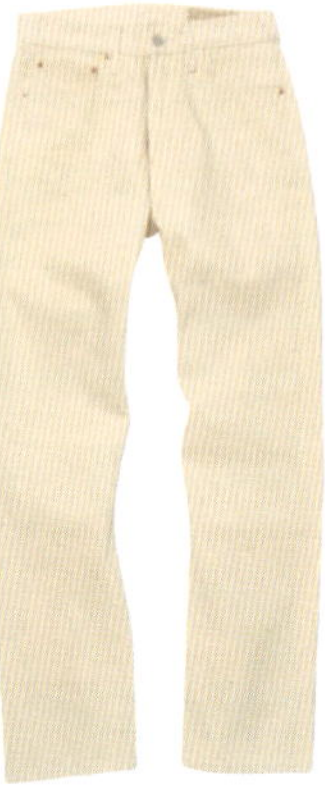

色のメリハリをつけず淡い色でまとめると素敵です

Shirt: UNIQLO
Pants:ADAM ET ROPÉ

持っていたら便利！②タイプさんにおススメ定番服

Parka: koé

胸元が開きすぎていないラウンドネックも品があって◎

スーツは黒よりもライトグレーで柔らかな印象に

ボタンはいちばん上までとめるか、第一ボタンを外すにとどめてください

素材感は柔らかさがありつつも、引きずるようなダボッとしたシルエットにならないように、ほどよく体にフィットしたものをえらべば軽やかな雰囲気に

Jacket : UNIQLO
Pants: UNIQLO
Shirt: GU

全身が白のコーディネートも品よく着こなせるタイプです！

Shirt: UNIQLO
Pants: UNIQLO

襟は小ぶりなものが◎

Shirt: nano・universe

自然にできる緩やかなドレープが上品な雰囲気に

Shirt: GU

TYPE 2

優しげな王子タイプ

Case Study!

H・Hさんの場合……

Before

がさつそうに見える

BADポイント

×ハードな印象のシャツ
×ダボついたシルエット

BADポイント

×彩度が高い
×カジュアルすぎる

②優しげな王子タイプには、柔和な雰囲気を出すことが必須です。そのため、ハードなイラストのカジュアルなシャツは似合うタイプとは真逆で、悪目立ちして幼く見えます。
彩度が高い色のトップスは顔の印象を薄めてしまいます。
また、細身のシルエットにしてスマートな雰囲気にしたほうが似合うので、ダボダボの服は避けたほうが良いです。

ONE POINT ADVICE!

シャツを着るなら、Tシャツでなく小さめの襟付きのものにしましょう！

After

上品で知的な印象に！

Another

GOODポイント

○引き締めは黒ではなくネイビーで

GOODポイント

○細身のシルエット
○水色とグレーのアイスカラーなグラデーション
○高明度で軽やかに

シャツやパンツは軽い雰囲気にして、ネイビーの色で引き締めることで、優しくも頼もしい雰囲気に。

Jacket: 私物
Shirt: BANANA REPUBLIC
Pants: BANANA REPUBLIC
Shoes: BANANA REPUBLIC

さわやかな雰囲気が似合うので、白シャツにブルーのジャケットを合わせたスッキリ感が素敵です。

Jacket: JUNRed
Shirt: JUNRed
Pants: JUNRed
Shoes: nano・universe

Step 2

9タイプ別「似合う」服

TYPE 3

落ち着いた皇族タイプ

西島秀俊さんや綾野剛さんのように、落ち着いた余裕のある雰囲気を出すと、魅力が際立ちます。フェミニンでスタティック（静的）なタイプなので、細身のシルエット、小さくて密集した柄、薄くて軽く柔らかく、なめらかで繊細な素材が似合います。

具体的には、サテンやシルク、織り柄に、控えめで品のある光沢感があるとなお良いでしょう。ボタンやポケットは、小さめで数が多いデザインの服や、コートの袖口などはカフス式が似合います。薄い茶色や白の革靴もおススメです。

休日ファッション

POINT!
都会的で
知的な雰囲気の
ファッションが
似合います

Shirt: UNIQLO
Pants: UNIQLO

似合う色合い

COLOR

白／ペールグレイッシュ／ライトグレイッシュ／銀／ベリーペールなどの透明感のある配色

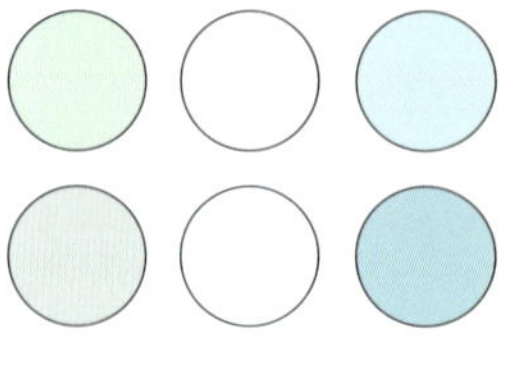

柔らかくてハリのある
素材感やなめらかな
つや感のある半光沢
の服が似合います

Shirt: ADAM ET ROPÉ
Pants: UNIQLO

Style 3

繊細な薄く柔らかい
素材がおススメ

Style 2

Knit: UNIQLO
Pants: UNIQLO

コーディネートのポイント

COORDINATE

- グレーか白を基調にコーディネート。差し色に、ベージュやペールカラー、グレイッシュなトーンの色を入れると◎
- 無地か地になじんだ目立たない柄が◎。細かいデザインやシルエットなどで上質感を出してください。目に見えて派手な服よりも、シンプルで繊細に作られている服が似合います。
- 過剰な装飾は避け、素材は薄くて軽い、なめらかな手触りのものがベストです。

似合うスタイル

STYLE

- インテリ風
- 貴族スタイル

似合う柄

PATTERN

- モダンな幾何学
- 金や銀の刺しゅう柄

TYPE 3

落ち着いた皇族タイプ

お仕事&ちょっぴりきちんとファッション

1

かたい印象ならないように、細身であってもゆとりのある服をえらび、ゆったりしたシルエットにすると◎

ピンクも少しくすみがかった大人っぽい色味なら似合います

Jacket: PLST
Shirt: PLST
Pants: UNIQLO

持っていたら便利！ ③タイプさんにおススメ定番服

自然なドレープの出るなめらかな素材感のカットソーが似合います

Shirt: GU

Shirt: PLST

スーツは細身で、
落ち着いた色味の
繊細な印象のものを

POINT!

シンプルな服が似合いますが、ときにはスタイリッシュに仕立てたようなデザインがさりげなく入っていると洗練された雰囲気に

ネクタイは無地が基本。柄が入るとしても線の細いストライプなど主張の少ないシンプルなものに

Jacket: BANANA REPUBLIC
Pants: BANANA REPUBLIC
Tie: nano・universe

白に明るめのライトグレーを合わせて、すっきりとした大人っぽい印象に

Shirt: UNIQLO
Pants: UNIQLO

Tie: nano・universe

Tie: nano・universe

Tie: UNIQLO

軽やかさの出るライトグレイッシュなネクタイなどでミステリアスな色気を演出

Shirt: UNIQLO

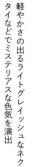

TYPE 3

落ち着いた皇族タイプ

Case Study!

H・Tさんの場合……

Before

個性が薄い印象に

BADポイント

×格子柄が真面目すぎる印象に

×デニムのカジュアルさが似合わない

BADポイント

×無個性で存在感が薄い

H・Tさんが着ている服は、無難な組み合わせなのでハズレはなくおしゃれではありますが、せっかくの独特な空気感のある魅力が発揮されず、今一歩惜しい感じです。③落ち着いた皇族タイプには、繊細なニュアンスを表現できるファッションを取り入れるのが◎

ONE POINT ADVICE!

格子柄のトップスを着たい場合は、グレイッシュなものをえらべばOK！

After

アンニュイで
ミステリアスな印象に

GOODポイント

○グレイッシュな色使い
○流れるようなシルエット
○繊細で透明感のある雰囲気

Another

GOODポイント

○白を上手に使うと◎

白系のコーディネートが似合います。全身を白系にすることに抵抗がある場合は、ベースを白にしつつ、濃い色のジャケットなどを合わせてみてください。

Jacket（右）：YOTA TOKI
Jacket（左）：私物
Shirt: BANANA REPUBLIC
Pants:YOTA TOKI
Shoes: JUNRed

白とグレイッシュカラーの組み合わせが似合います。透け感や透明感があると、より魅力が引き立つので、柔らかく薄い素材感のものをえらんでください。服が難しければ、ストールで素材感をプラスするのがおススメです。

Knit: JUNRed
Pants: JUNRed
Shoes: JUNRed

9タイプ別「似合う」服

TYPE 4

活発な人気者タイプ

Step 2

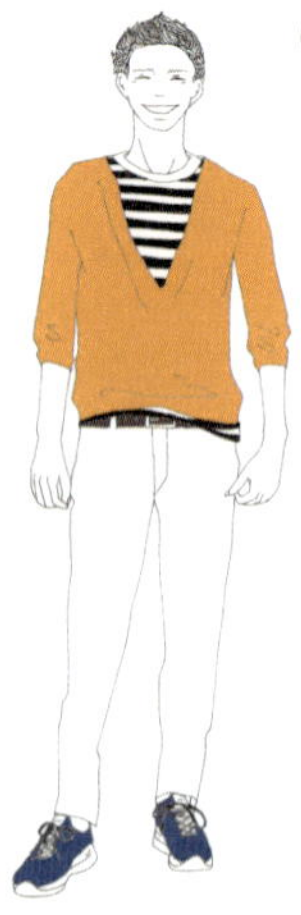

タレントの中居正広さんや元テニスプレーヤーの松岡修造さんのように、軽やかで気取らない雰囲気を出すと、魅力が際立ちます。ダイナミックなタイプなので、太めのシルエットに、大胆な大柄、強い素材が似合います。

具体的には、ユニフォームっぽい服やトレーニングウエア、粗めのニットや、コットンデニムやウールジャージ、コットンサテンなど通気性や発汗性の良い素材がおすすめです。ボタンは鋼鉄製で力強いものを。靴はスニーカーがおススメです。また、流行に乗っても違和感を抱かせないタイプですので、トレンドを積極的に取り入れてみてください。

休日ファッション

遊び心のあるロゴTシャツは、楽しそうな雰囲気が出てGOOD！

Shirt: ADAM ET ROPÉ
Jacket : UNIQLO
Pants: GU

似合う色合い

COLOR

オレンジ／黄色／黄緑などの明るい色も◎
白をベースにビビッドカラーを合わせてコントラストを強くだす

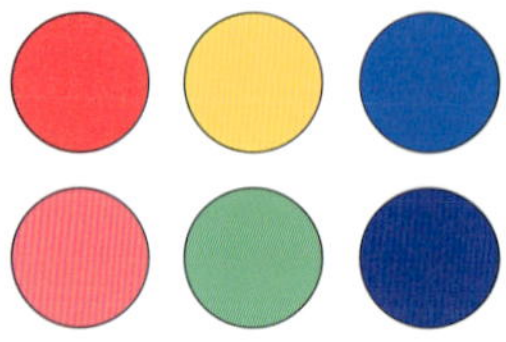

POINT!
色のコントラストが
はっきりしている
コーディネートで、
体育会系っぽい
快活さを出します

スポーティな雰囲気の出る
ジーンズが似合います

赤いダウンで強さ
を出しつつも、白
のパンツで抜け感
を作ります

Jacket: BANANA REPUBLIC
Knit: BANANA REPUBLIC
Pants: UNIQLO

Knit: UNIQLO
Pants: PLST

コーディネートのポイント

COORDINATE

- 気取らない雰囲気にすると魅力アップ。あえて、主張の強い柄と柄、色と色をぶつけて賑やかで元気な雰囲気に。
- スポーティで健康的な雰囲気が似合います。丈夫で軽快、伸縮性・通気性・発汗性に優れた機能的な素材が◎
- 形は比較的オーソドックスなものにして、色・柄・素材で遊ぶとよい
- 色・柄・形に複雑なものは取り入れず、ボーダーやチェックなど単純で楽しい雰囲気の出るものが似合う

似合うスタイル

STYLE

- アウトドアルック
- バラエティタレント風

似合う柄

PATTERN

- ボーダー
- チェック
- ストライプ
- 文字が入った柄

TYPE

4

活発な人気者タイプ

お仕事&ちょっぴりきちんとファッション

POINT!

スーツの色は、黒だと強すぎるので、ほのかに明るさの出るネイビーやチャコールグレーを

色の対比がはっきり出るような真っ白なワイシャツか柄物のシャツを合わせます

Jacket : BANANA REPUBLIC
Shirt : UNIQLO
Pants : GU

持っていたら便利！④タイプさんにおススメ定番服

派手なイラストが似合う

© The Keith Haring Foundation.
Licensed by Artestar, New York.

Shirt: UNIQLO

Jacket: JUNRed

Style 3

Jacket: nano・universe
Shirt: nano・universe
Pants: nano・universe
Tie: nano・universe

Style 2

肩の輪郭がはっきり出るようなスッキリしたシルエットのスーツが似合います

Jacket: PLST
Shirt: UNIQLO
Pants: UNIQLO
Tie: nano・universe

ビビッドカラーをアクセントに

Hoodie: UNIQLO

Shirt: UNIQLO

Pants: ADAM ET ROPÉ

TYPE

4

活発な人気者タイプ

Case Study!

T・Yさんの場合……

Before

さみしそうに見える

BADポイント

×色が薄すぎたり
重すぎる
×地味で野暮ったい
印象に

薄い色はさみしい印象になります。このタイプの人は、シンプルで地味な服を着ると存在感が薄くなり、幸の薄い根暗な人に見えてしまい、近寄りがたい雰囲気に。明るさやにぎやかさが出る服を着るようにしてください。

こうすれば
GOODに!

ONE POINT ADVICE!

水色のシャツを着こなすなら、インナーにオレンジなどの強い色や、ボトムスに柄のパンツなどを取り入れましょう。

After

明るく元気な印象に！

Another

GOODポイント

○オレンジ寄りの
ブラウンのベルトや靴
○ストライプのシャツ
○青みの強い
ネイビースーツ

GOODポイント

○対比色を用いて
元気な印象に

オレンジの強いブラウンとネイビーの対比は元気な印象になります。対比色は活発な印象につながります。
このタイプは黒はなるべく避けるのが◎です。

Shirts：nano・universe
Tshirts：nano・universe
Pants：nano・universe
Shoes：JUNRed

靴やベルト、シャツなどにポイントの色や柄を置き、楽しそうでかたくるしくない印象に。話しかけやすい雰囲気が出ます。
多配色のにぎやかな柄でもうるさくならずに似合います。

Jacket：nano・universe
Shirt：YOTA TOKI
Pants：nano・universe
Shoes：nano・universe

9タイプ別「似合う」服

TYPE

5

温厚なお兄さんタイプ

Step 2

グラフの中央に位置するこのタイプは、妻夫木聡さんに代表されるようにすべてにおいて平均的でクセがなく、だれからも好感を持たれる存在。素朴でナチュラルな雰囲気の服が似合います。
具体的には、木綿・麻・絹などのかたすぎず柔らかすぎもしない軽やかな天然素材や、紋章柄の服や、ゴルフシャツ・ポロシャツが似合います。木質のボタンなどでナチュラル感を出すのもよいでしょう。ジャケットは先が丸くなった襟（クローバーラペル）がおススメです。柄のサイズは大きすぎず小さすぎずのコイン大がベストです。

休日ファッション

少し起毛性のあるニットなど風合いのある素材で素朴な雰囲気に

Style 1

Knit : UNIQLO
Pants : BANANA REPUBLIC

似合う色合い

COLOR

明るめのアースカラー／人工的ではない、人の手で染められたようなおだやかな風合いのある色

ナチュラルな雰囲気のシャツは裾を出して着て、自然体に

Style 3

Shirt : GU
Pants : UNIQLO

Style 2

Shirt : GU
Pants : UNIQLO

コーディネートのポイント

COORDINATE

- 中性的で素朴な雰囲気が魅力なので、天然素材で自然な色味や昔からあるような定番服が似合います。
- 襟のある服や、チェックなど枠に収まっているような柄は、真面目で誠実な魅力が引き立ち似合います。
- シルエットはピタッとしすぎても、ダボッとしすぎてもNG。素材も中厚手のやわらかすぎず、かたすぎないものが◎

似合うスタイル

STYLE

- ブリティッシュ調
- 無印良品ようなナチュラルなスタイル

似合う柄

PATTERN

- アーガイル柄
- 霜降り柄（白い繊維と色繊維が混ざった柄）

TYPE
5

温厚なお兄さんタイプ

お仕事&ちょっぴりきちんとファッション

Style 1

オーソドックスな形のジャケットが似合います

ジャケットもパンツも、重くも軽くもない中間色で、素材は中厚でかたくも柔らかくもないものが◎

Jacket：BANANA REPUBLIC
Pants：GU

持っていたら便利！ ⑤タイプさんにおススメ定番服

ナチュラルな色や風合いのシャツが⑤タイプさんの雰囲気にぴったり！

Jacket：nano・universe

Shirt：nano・universe

Style 3

Jacket : BANANA REPUBLIC
Shirt : GU
Pants : BANANA REPUBLIC
Tie : nano・universe

POINT!

地になじむ色やデザインできっちり感を出しつつも、少し大胆なチェック柄が入っていることで、真面目さのなかに紳士的な遊びが感じられて魅力的です

Style 2

パンツは中太のものが似合います

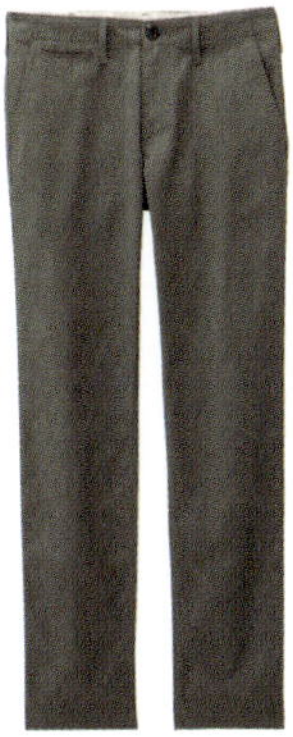

Jacket : BANANA REPUBLIC
Pants : GU

ネイビーやベージュがよく似合います

Pants : JUNRed

Jacket : JUNRed

Shirt : ADAM ET ROPÉ

TYPE 5

温厚なお兄さんタイプ

Case Study!

S・Uさんの場合……

Before

顔の印象が薄い

BADポイント
×暗い服
×皮ジャンのハードさ

BADポイント
×大きな柄
×スッキリしていない

重くて、メリハリの少ないもったりとしたコーディネートをすると、本人の顔や存在感が負けてしまい、印象が薄くなってしまうタイプです。⑤タイプさんは皮ジャンなどを着たハードなファッションをするとチンピラっぽく見えて、話しかけづらい雰囲気に。

こうすればGOODに！

ONE POINT ADVICE!

右のコーディネートならインナーに前開きで白シャツを着るか、パンツを白にしましょう。ボルドーのパンツが履きたいなら、色を消す効果のあるグレーをトップスに取り入れて強さを抑えればOK！

After

自然体でさわやかな印象に！

Another

GOODポイント

○足首を出して
　軽やかに

GOODポイント

○白いシャツ
○ポイントに水色
○青の対比で
　黄（ベージュ）の
　パンツ

足首を出せば、軽やかさを演出することができます。
スーツでもかっちりしすぎずに、リラックスしたスタイルに。自然にひだの寄るナチュラルなシルエットが◎

Shirt : nano・universe
Jacket : nano・universe
Shoes : nano・universe
Tie : 私物

Jacket : nano・universe
Shirt : nano・universe
Pants : BANANA REPUBLIC
Shoes : JUNRed

さわやかな雰囲気が必要なので白シャツにブルーが入るスッキリ感が素敵です。青の対比色である黄（ベージュ）のパンツを合わせることで活発な雰囲気がプラスされて持ち味の軽快さが外見にあらわれています。

Cardigan : ADAM ET ROPÉ
Shirt : ADAM ET ROPÉ
Pants : ADAM ET ROPÉ
Shoes : JUNRed

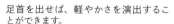

9タイプ別「似合う」服

TYPE 6
上品な貴公子タイプ

Step 2

高橋一生さんや及川光博さんのように、洗練された優雅な色気や雰囲気を出すと、魅力が際立ちます。パリの街並みや、光沢感のある上質なソファーが置いてあるような高級感のある空間になじむファッションがイメージにぴったり合います。スタティック（静的）なタイプなので、細身のシルエット、密集した柄、なめらかな素材が似合います。

自然なドレープの出るデザインや、高級感の出る素材（シルク・サテン・ベロア・ベルベットなど光沢感や色つやのあるもの）がベストです。ショールをかけたように丸くカーブしている襟（ショールラペル）の服もおススメです。

休日ファッション

POINT!
素材のつや感をいかし、上質な華やかさを出しましょう

ワインレッドの濡れたような色が◎

グレイッシュな色味がよく似合います

Knit : UNIQLO
Pants : BANANA REPUBLIC

似合う色合い
COLOR

グレイッシュな色合いをベースに、ダークな色で引きしめる。つや感のある色味も◎／色数は、1つのコーデで2色ほどにとどめる

同系色でまとめると
落ち着きが出て◎

POINT!

自然なドレープが出るような生地など、柔らかくとろみのある素材が似合います

Cardigan：UNIQLO
Knit：UNIQLO
Pants：ADAM ET ROPÉ

コーディネートのポイント

COORDINATE

- しっとりとした上品なコーディネートが似合います。少しけだるさのあるアンニュイな雰囲気が、カッコよくも色気を感じさせます。
- 靴はローファーよりも、レースアップシューズなど紐で結ぶようなきちんとしたものが似合います。スニーカーでも、スポーツ向きのごつくなるものではなくて、コンバースなどが◎
  ラフでもなく、カラフルでもないデザインに。
- 曲線的なゆるやかなで人が似合います。自然なドレープの出る上質なものが◎

似合うスタイル

STYLE

- パリジャンスタイル
- 華族系（品があって華やかなスタイル）

似合う柄

PATTERN

- 立体的な花柄などの織り柄
- 無地に近い繊細な小紋柄

TYPE 6

上品な貴公子タイプ

お仕事&ちょっぴりきちんとファッション

POINT!
全身黒のコーデになる場合は、つやのある素材で上質感を出してください

Jacket：UNIQLO
Shirt：UNIQLO
Pants：ADAM ET ROPÉ

持っていたら便利！⑥タイプさんにおススメ定番服

Shirt：UNIQLO

Shirt：ADAM ET ROPÉ

ドレスアップされた
服が嫌味なく着こなせます

Style 2

⑥タイプさんは柄や色で引き締めなくてよいのでグラデーションのような流れる雰囲気が◎

下にすとんと落ちるようなドレープでエレガント度アップ

Shirt : GU

胸元が開いた服や、第二ボタンまで開けた着こなしをすると、色っぽさが出て魅力的です

Vest : nano・universe
Pants : nano・universe

POINT!

パンツは、細すぎるスキニータイプのものや、太すぎてぶかぶかになるものは似合いません。
ほどよいゆとりが出る程度の細さのパンツやストレートジーンズで、裾に少しドレープが出るようなものがベストです。

Tie : nano・universe

Tie : nano・universe

ネクタイは、サテンやシルク素材などの光沢のある細身～中太タイプのものを。無地か地になじむような柄が◎。色や柄が派手なものは避けたほうがよいでしょう

Suit : koé

Pants : JUNRed

TYPE 6

上品な貴公子タイプ

Case Study!

Y・Sさんの場合……

Before

太って見える

BADポイント
×迷彩柄
×ラフなジーンズ

BADポイント
×赤などの明るくて
濃い色
×暗い色のパンツ

アクティブな雰囲気の柄物や色のはっきりした服は、このタイプの人にとっては、ごちゃごちゃしたオシャレじゃないものに見えてしまいます。服が似合っていないため、太って見えてしまっています。上品で優雅な雰囲気にしたほうが魅力が引き立ちます。

こうすれば
GOODに!

ONE POINT ADVICE!

柄モノを着たいなら薄く存在感のない柄をえらび、グレーのストールを首から下げるなどして印象を抑えるとよいでしょう。

After

上品で落ち着いた印象に！

Another

GOODポイント
○柔らかくゆるっと
したシルエット

GOODポイント
○グレイッシュな
コーディネート
○上品な雰囲気に

ロングカーディガンやロングコートなどロングラインの服が似合います。同系色シャツを合わせるのがポイント。白のシャツを入れると軽くなりすぎて部屋着っぽくなりますし、黒のシャツだと重くなりすぎて、きつくてつまらなそうな印象になってしまいます。

Cardigan：nano・universe
Shirt：nano・universe
Pants：nano・universe
Shoes：BANANA REPUBLIC

全体的に色味を抑え、グレイッシュにすると良いです。グレーと聞くとつまらないイメージを持たれがちですが、青みがかったグレー、緑の混ざったグレーなど複雑なグレーを組み合わせることでオシャレになります。

Jacket：nano・universe
Shirt：nano・universe
Pants：BANANA REPUBLIC
Shoes：BANANA REPUBLIC

9タイプ別「似合う」服

TYPE

7

頼もしい野生児タイプ

Step 2

香取慎吾さんや森山未來さんのように、生命力がみなぎる力強い雰囲気を出すと、魅力が際立ちます。マスキュリンでダイナミックなタイプなので、太めのがっしりしたシルエット、大胆な大柄、厚くてハリのある素材が似合います。具体的には、麻や綿などの天然素材や防水加工のようなコーティングの施された素材です。チノパン・大きめの襟やボタン・カウチンセーターのようなローゲージニット・コットンレーヨン・レザージャケット・粗めのファーコートが似合います。スーツスタイルは、民族柄のネクタイなどがワンポイントで入っているとおしゃれに。靴はブーツが◎

休日ファッション

体にまとわりつかない服で自由な雰囲気に！

Style 1

反対色で対比をつけます

Knit : SEVENDAYS=SUNDAY
Pants : JUNRed

似合う色合い

COLOR

とても鮮やかな極彩色／黒とビビッドカラーの配色／灰色がかった自然色や迷彩色

POINT!
白がベースになっている服は、黒や緑など重めの色が入ったものをえらぶと◎

パンツは太めのものを。下に重さが出る台形のシルエットになり、どっしりと構えたような力強さが出ます

Shirt : JUNRed
Pants : JUNRed

体のシルエットがはっきり出ない、大ぶりの服が◎

Knit : GU
Pants : PLST

粗めのスエード素材やデニムなどの厚くてかたい素材が似合います

Jacket : UNIQLO
Pants : BANANA REPUBLIC

コーディネートのポイント
COORDINATE

- 色や形のメリハリで勢いのあるうごきを出しつつ、重量感も出します。
- アウトドアファッションやウエスタンファッション、バックパッカーのような異国の文化がミックスした自由な雰囲気のファッションが似合います。
- ハイブランドの高級感のある服よりも、職人が手作りした1点モノの服のような個性的なものが◎

似合うスタイル
STYLE

- 民族スタイル
- ミリタリー

似合う柄
PATTERN

- 幅の太いボーダー
- カモフラージュ柄
- ペイズリー柄

TYPE 7

頼もしい野生児タイプ

お仕事&ちょっぴりきちんとファッション

Style 1

POINT!

腕をまくるなどして、少し着崩すと素敵です。インナーは襟付きのかっちりしたシャツよりはTシャツやセーターなどの気取らないものがおススメです

Jacket : nano・universe
Knit : UNIQLO
Pants : nano・universe

持っていたら便利！ ⑦タイプさんにおススメ定番服

黒地に白の柄はコントラストが効いて◎

Knit : GU

一枚布を羽織るようなワイルドなカーデ

Cardigan : nano・universe

Style 3

白と黒などの反対色で遠目から見てもわかるはっきりとしたものが似合います

Shirt : PLST
Pants : PLST
Tie : nano・universe

粗さのあるかための素材でくしゃっとなる感じが◎

整いすぎていない自然体なカッコよさが魅力なので、ジャケットもあまりきちんと感を出さず、ラフに羽織れるようなものを

Style 2

Jacket : nano・universe
Pants : JUNRed

Jacket : BANANA REPUBLIC

Jacket : UNIQLO

アウトドアな雰囲気も◎。ボリューム感があるもので重さを出してください

Shirt : UNIQLO

Shirt : nano・universe

大地の色や、新緑の深い緑が似合います

TYPE

7

頼もしい野生児タイプ

Case Study!

K・Kさんの場合……

Before

幼くて頼りない印象

BADポイント
×明度彩度の
　高い色
×カジュアルさ

BADポイント
×ボーダー
×すねの出る
　ズボンの丈

服の明るさやカジュアルさで学生のような頼りなさが出てしまっています。全体的に色を落ち着かせ、男らしい着こなしが必要です。

こうすれば
GOODに!

ONE POINT ADVICE!

水色のトップスが着たいときはアウターにカーキをえらび、ストールを巻くなどして水色を対比のアクセントに使いましょう。

After
颯爽とした頼もしい印象に！

Another

GOODポイント
○柄に柄を合わせたコーデ
○自由人な雰囲気

柄と柄の大胆な組み合わせもOKなタイプ。シャツもきちっと入れずに、下に重さを出してどっしりとした雰囲気に。元気さや勢いを出すためにポイントに赤を入れます。

Shirt : YOTA TOKI
Pants : YOTA TOKI
Stall : nano・universe
Shoes : JUNRed

GOODポイント
○着崩したラフさ
○ダボっとした粗野さ
○独特なエスニック柄

粗野な男っぽい雰囲気が似合います。重ね着をすると重さが出てGOOD！　襟付きの服が似合いにくいタイプで、ストールもきちんと巻くというよりはラフにかけるほうがいいです。型にはまらない自由な雰囲気が似合うので、手ぐしでつくったようなラフな髪型や無精ひげが◎

Shirt : YOTA TOKI
Tshirt : 私物
Pants : YOTA TOKI
Stall : nano・universe
Shoes : JUNRed

9タイプ別「似合う」服

TYPE 8

古風な紳士タイプ

Step 2

木村拓哉さんや松田翔太さんのように、男気のある凛々しい雰囲気にすると魅力が際立ちます。マスキュリンなタイプなので、太めのしっかりしたシルエットに、大きな柄、重厚なハリのある素材が似合います。

具体的には、ツイードやビロードなどの高級感がある起毛素材や厚手で耐久性のよい風格を感じさせる素材です。貴族の遊び着を彷彿とさせるような、革のステッチやベルトの目立つ金具、アンティーク感のあるブロンズ仕上げの重い金属ボタンなども素敵です。いぶし銀で格調高いディレクタースーツなどの礼装服がとてもよく似合います。

休日ファッション

POINT!
鈍く重めな色同士を合わせて、控えめに色の対比をつけると品がありながら引き締まった印象に

Style 1

厚手のニットに縦の線を意識したボタンの並びが凛々しい印象に

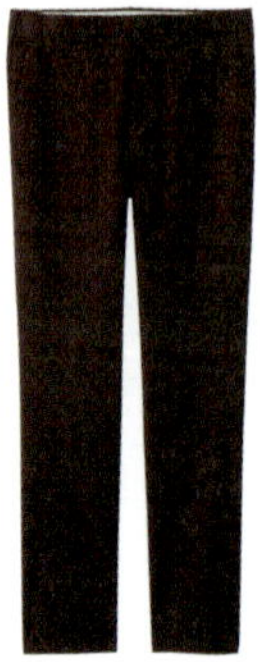

体のラインが出すぎないやや太めのパンツ

Cardigan : BANANA REPUBLIC
Pants : GU

似合う色合い

COLOR

グレイッシュな色／黒やダークな色／色あせたサビ色や重く暗い色

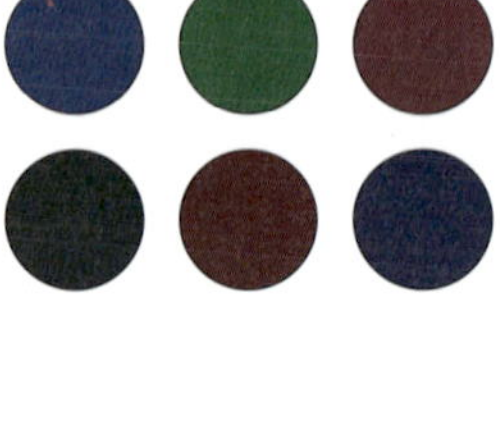

Style 2

POINT!
大柄が似合いますが、
色合いははっきりとして
いないものを。
コントラストが強すぎる
とうるさく感じます

スーツ地に多い
厚手の素材が◎

Knit：ADAM ET ROPÉ
Pants：UNIQLO

コーディネートのポイント
COORDINATE

- スーツが非常によく似合います。スーツを着ない場合も、形や素材がスーツに似ているきちんとしたデザインのものがおススメです。
- だらしなくならずにきちんと感を残しつつ、襟を立てたり、ボタンを外したり、腕まくりをしたりして、1，2か所着崩してカッコをつけたスタイルが似合います。
- ふだん着は古典柄のセーターにカーディガン、ベロアのパンツなど、光沢があり鈍く光るものが◎

似合うスタイル
STYLE

- ジョッキースタイル
- 執事スタイル

似合う柄
PATTERN

- マルチチェック柄
- 薔薇やユリの唐草模様などの古典柄

TYPE 8

古風な紳士タイプ

お仕事&ちょっぴりきちんとファッション

POINT!

スーツスタイルがよく似合います。キザっぽく襟を立てたりするとさらにカッコよくなります！

Style 1

全身黒コーデがキマります！靴も黒にしても◎

Jacket：nano・universe
Shirt：nano・universe
Pants：nano・universe
Tie：nano・universe

持っていたら便利！⑧タイプさんにおススメ定番服

厚手のニットが似合います

Knit：BANANA REPUBLIC

重い雰囲気が GOOD

アウターもきちんとした感じの襟付きのものが似合います

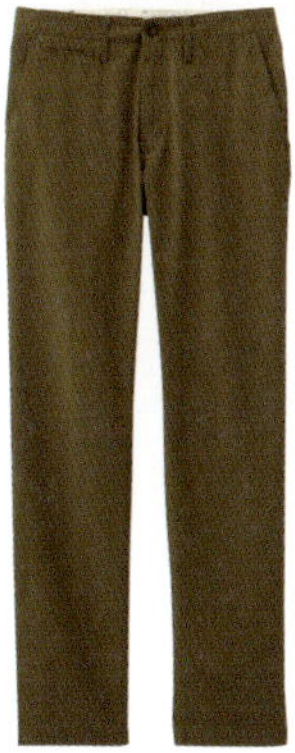

Style 2

POINT!

くすんだ色味でビロードのような鈍く光る素材の古めかしいアンティークなスタイルが似合います。ギラギラした鈍く光る素材はNGです

Coat : BANANA REPUBLIC
Shirt : GU
Pants : GU

格調高い重厚感が◎

Pants : nano・universe

Coat : UNIQLO

Shirt : UNIQLO

Knit : BANANA REPUBLIC

TYPE 8

古風な紳士タイプ

Case Study!

N・Nさんの場合……

Before

幼稚で落ち着きのない印象

BADポイント

×キャラクターやロゴのシャツ
×デニムのラフさ

BADポイント

×明るい色
×軽い印象になる白い靴

カジュアルなファッションは、このタイプの人にはなかなか似合いません。古風で落ち着いたところが魅力なのに、明るい色や軽い印象の服を着てしまうと、幼く頼りない印象を持たれてしまいます。

こうすれば GOODに！

ONE POINT ADVICE!

デニムのパンツが履きたい場合は、トップスは暗めにしてやや渋めの色味を取り入れるとよいでしょう。

After

男気のある凛々しい印象に！

Another

GOODポイント
○ベストのきちんと感

GOODポイント
○ダークグレーのスーツ
○紫のシャツ
○全体的に暗め

ベストできっちりとした印象を出すのもおススメです。ベストとシャツが同じ色のセットアップになっていると、きちんと感がさらにアップ。色がバラバラだと一気にカジュアルな雰囲気になってしまうこともあるので要注意です！

Jacket：ADAM ET ROPÉ
Knit：ADAM ET ROPÉ
Pants：ADAM ET ROPÉ
Shoes：nano・universe

Vest：nano・universe
Shirt：nano・universe
Pants：nano・universe
Shoes：nano・universe

古風で落ち着きある雰囲気が必要です。ダークな配色がオシャレに見えます。休日でもTシャツなどのカジュアルな服ではなく、シャツにスラックスを合わせるなど、きちんとしたスタイルを。執事のような控えめな華やかさがあると◎

Jacket：PLST
Shirt：JUNRed
Pants：PLST
Shoes：nano・universe

9タイプ別「似合う」服

TYPE 9

厳格な王様タイプ

Step 2

岡田准一さんや阿部寛さんのように、ストイックな成熟した雰囲気を出すと魅力が際立ちます。男っぽくスタティックなタイプなので重厚感が必須で、大きく密集した柄、厚手で高品質な素材が似合います。

具体的には、スエードなどの革素材・ベルベットやサテンなど深い光沢のあるもの、ツイードやコブラン織、金・銀・プラチナなどメタリックなものです。タキシードによく使われるショールカラー（首にショールをかけたような襟）のガウンやブルゾンがおススメです。靴は、ブーツや革靴がよいでしょう。

休日ファッション

POINT!
深みのある色合いに。コントラストは強くつけないほうがよいです

Style 1

Shirt : JUNRed
Pants : JUNRed

似合う色合い

COLOR

ダークな色に白を合わせて強いコントラストを出す／ダークグレイッシュ／金／銀

ファスナーやスタッズなどのエッジの利いたデザインがぴったり

襟が大ぶりになっているとゴージャス感がアップ！

Style 3

Jacket : ADAM ET ROPÉ
Pants : ADAM ET ROPÉ

Style 2

デザイン性が高いものであれば、ピタピタの細いパンツでも、逆に太いワイドパンツでも、どちらでも似合います

Jacket : ADAM ET ROPÉ
Pants : ADAM ET ROPÉ

コーディネートのポイント

COORDINATE

- きらびやかなセレブのようなラグジュアリーな装いも似合いますし、近未来をイメージさせる化学繊維やメタリックなアルミ素材などを用いた無機質で人工的な服も似合います。
- 建築家やグラフィックデザイナーなどのクリエイターに多いタイプで、独創的なデザインのモードな服も着こなせます。
- 格式高い儀礼的な正装スタイルなども素敵に着こなせる方が多く、厚手で触感のよい高級感のある服が似合います。

似合うスタイル

STYLE

- フォーマルウエア（外交官スタイル）
- デザイナーズブランドスタイル

似合う柄

PATTERN

- 多角形の星型紋章
- アートグラフィック柄

TYPE 9

厳格な王様タイプ

お仕事&ちょっぴりきっちりファッション

Style 1

幅にゆとりのある余裕な雰囲気が◎

厚手で柔らかい素材が◎

Jacket : nano・universe
Pants : JUNRed

持っていたら便利！ ⑨タイプさんにおススメ定番服

ハードな印象の服もスタイリッシュな印象に

Pants : JUNRed

Shirt : nano・universe

Style 3

緻密に編みこまれたような高級感が◎

POINT!

⑨厳格な王様タイプは、9タイプのうち最もフォーマルな傾向なので、燕尾服に代表されるような儀礼的で遊びすぎない厳格なスーツスタイルがばっちり似合います

Style 2

Jacket : nano・universe
Shirt : nano・universe
Pants : nano・universe
Tie : nano・universe

Coat : UNIQLO
Knit : UNIQLO
Pants : BANANA REPUBLIC

ライダーズもイメージにぴったり！

Jacket : UNIQLO

Tie : nano・universe

Shirt : JUNRed

TYPE 9

厳格な王様タイプ

Case Study!

Y・Nさんの場合……

Before

華がなく印象が薄い

BADポイント
×色が薄い
×素材感が薄い

BADポイント
×配色が同系色で弱々しい
×大きな格子柄

薄い色や素材の服を着ると頼りない印象になりがち。せっかくの華やかな顔立ちが打ち消されて、存在感が薄くなってしまっています。光沢のある厚手の素材で華やぎをプラスしてください。

こうすればGOODに！

ONE POINT ADVICE!

グレーや薄い色を着たいときは、メイン使いではなくインナーにとどめ、皮のジャケットやツイード素材のアウターやボトムスと組み合わせるとよいでしょう。

After

威風堂々とした印象に！

Another

GOODポイント
○紫がかった黒で
上級者コーデに
GOODポイント
○光沢のある
ネイビーのアウター
○ボルドーのシャツ
○起毛パンツ

パンツも黒で落ち着かせるだけでなく、やや着こなしが難しそうな紫がかった黒などえらぶと上級者っぽくなります。

Jacket：JUNRed
Shirt：JUNRed
Pants：JUNRed
Shoes：JUNRed

Jacket：YOTA TOKI
Knit：PLST
Pants：nano・universe
Shoes：nano・universe

ネイビー×ボルドーの大人っぽい色合いや、起毛パンツの光沢感が、大人の男のゆとりや落ち着きを感じさせて素敵です。

Jacket：JUNRed
Shirt：JUNRed
Pants：JUNRed
Shoes：ADAM ET ROPÉ

Step 2

88 診断で「もっと似合う」をみつけるコツ

服えらびの最終判断材料はあなたの「直感」

服を買う際にいちばん参考になるのは、客観的に評価できる妻・彼女であるあなたの目です。コーディネートのバランスは、ジャケットや小物使いなどで、あとでどうにでもカバーできます。**服を買うときに見極めるべきは、本人に似合っているかどうか**という点です。試着したときに、その姿をスマホなどで撮り、本人に写真を見せながら、似合っているかどうかを、冷静に話し合うのがおススメ。

100点満点のカッコよさを目指すのでなく、「**本人の個性を最大限活かせるのはこういう雰囲気の服**」という視点を持てるようになれば、服えらびはグッとラクになります。難しく考えずに、「この服ってなんとなく夫っぽいな」と思えればOK！　ただし、「ふだんよく着てる服だから、これは夫っぽい」と判断しないようにご注意を。

HAPPY ≡ BEFORE AFTER!

リアル夫改造計画
〜似合う・似合わない比較篇〜

自分でえらぶとあと一歩！

×

解説

このようにダボついたシルエットは、②優し気な王子様タイプの人を、頼りない印象に見せてしまうのでNGです。

○

解説

②優し気な王子様タイプには、スラッとした細身のシルエットが似合います。
少しすっきりとしたさわやかさがプラスされると素敵です。

Check!!

「似合う服」を買うために大事なチェックポイント

似合う服を着ていると……

- 背が高く見える
- 太っているように見えたり、貧弱に見えたりせずに、最適な体型に見える
- 顔色が良く健康的に見える
- 違和感がなく、自然体に見える
- 人柄がよく見えて、話しかけやすい雰囲気が出る
- 長所が相手に伝わる
- 清潔感があるように見える
- 存在感が増す
- 高価な服に見える
- 良い意味で年相応に見える（幼かったり、老けていたりしない）

解説

グレーのジャケットに白いシャツ、アクセントに赤味の強いピンクのボトムスでぐっとあか抜けます。

自分でえらぶと
あと一歩！

解説

オシャレなコーディネートなのですが、残念ながら中川さんにはあまり似合っていません。②優しげな王子様タイプの人は、色が強いファッションだと顔がキツく見えてしまうのです。

Step 2

88 診断〈9タイプ別〉「もっと似合う」をみつけるコツ

タイプによって似合う柄と似合わない柄があるため、同じ服を着ても、素敵に見える人と見えない人がいます。前ページの『「似合う服」を買うために大事なチェックポイント』を思い出しながら、ぜひ見比べてみてください。

遊びを感じる 個性的な柄

○

TYPE 1 愛嬌のある好青年

ココがGOOD! **独特な柄がオシャレにみえる**

①愛嬌のある好青年タイプは、動的な印象のあるファッションをすると魅力が際立ちます。通常は色の対比などでうごきをつけますが、上級者テクニックとして、このように**柄の遊びでうごきを出すのも素敵**です。

×

TYPE 5 温厚なお兄さん

ココがBAD! **柄が目立ちすぎて顔の印象が薄くなる**

柄のにぎやかさに、顔が負けています。水色に白が入り、さわやかなので一見、⑤温厚なお兄さんタイプに似合っているように感じますが、このタイプの人は本人の印象が強くないので、**ここまで柄で遊んでしまうと、服の印象が強く残りすぎてしまいます。**

コントラストの強い
ボーダー柄

TYPE 5	温厚なお兄さん

○

ココが GOOD!

さわやかで親しみやすい印象がさらにアップ

⑤温厚なお兄さんタイプはネイビーと白で線が細めのオーソドックスなボーダー柄がとてもよく似合います。各特性の真ん中に位置するので、**ボーダーの配色は暗すぎず、明るすぎず、**素材も薄すぎず、厚すぎないという中間がベスト。

TYPE 7	頼もしい野生児

×

ココが BAD!

柄が悪目立ちしているうえ、キャラクターに合わない

⑦頼もしい野生児タイプは、ラインの強さが前面に出てうるさい印象になります。さらに、ボーダーは「さわやか」「すっきり」を演出するので、キャラクターにマッチせず、違和感が出ます。ボーダーを着る場合は、**重ね着をして、少しチラ見せする程度に抑えたほうが◎**

色の薄い

大きめチェック柄

TYPE 5 温厚なお兄さん

ココがGOOD!

〇 自然体で頼もしい

服そのものは優しい風合いでも、似合う人が着ると力強くカッコいい印象になります。かたすぎず柔らかすぎない中間素材に、白をベースとしたさわやかさが持ち味を活かしてくれています。

TYPE 1 愛嬌のある好青年

ココがBAD!

× 印象が弱くなる

大きな柄と薄い色の組み合わせだと、①愛嬌のある好青年タイプには彩度・明度が不足します。高彩度・高明度で、動きを感じるような元気な印象を与える柄のほうが似合います。

TYPE 4 活発な人気者

ココがBAD!

× 元気がないように見える

④活発な人気者タイプは、①愛嬌のある好青年タイプと同様に、**落ち着きすぎて元気のないように**見えてしまいます。もっと彩度の高い色でアクティブな雰囲気を出したほうが◎

TYPE 9 厳格な王様

ココがBAD!

× 男らしさが半減してしまう

⑨厳格な王様タイプが、柔らかい色やふわっとしたシルエットのカジュアルな服を着ると、**男らしさが半減し、頼りない印象**になってしまいます。力強い華やかさが必要なので、色や素材で重さを出すほうが似合います。

さわやかな 白Tシャツ

TYPE 7 頼もしい野生児

ココがBAD!

幼く見える

⑦頼もしい野生児タイプには、さわやかな雰囲気の服は似合いません。また、**ロゴの印象が悪目立ちして**、印象が幼くなってしまいます。

ココがGOOD!

清潔感があるように見える

TYPE 5 温厚なお兄さん

⑤温厚なお兄さんタイプが着ると、白いシャツの持ち味である**清潔感がしっかりと活かされ**、顔の明るさが引き立ち印象がぐっと良くなります。

くすんだ色味の Tシャツ

TYPE 5 温厚なお兄さん

ココがBAD!

古着のような印象に

⑤温厚なお兄さんタイプがラフな服を着ると悪い方向に働き、**くすみ感がおしゃれではなく、たんに着古しただけ**のような印象になります。

ココがGOOD!

自然で年相応に見える

TYPE 7 頼もしい野生児

⑦頼もしい野生児タイプには、古着のようなラフな雰囲気が似合います。くすみ感のある色味とラフなシルエットが**落ち着いて年相応**に見えます。

FOLLOW ITEM

Parka: GU

暗い配色の
ボーダー柄

TYPE 5 温厚なお兄さん

ココがBAD!

さわやかさが足りない

TYPE 8 古風な紳士

ココがGOOD!

落ち着きのある魅力が際立つ

暗い色の組み合わせが重たい印象に。**白に近いライトグレーか、薄いベージュのパーカーを上に着れば明るさが足されて**似合うようになります。

本来はボーダーはあまり向かないタイプですが、**太くないボーダーで、グレーなどの暗い配色であれば似合います。**和風な雰囲気を感じさせるデザインだとさらにGOOD！

エスニックで
個性的な柄

TYPE 5 温厚なお兄さん

ココがBAD!

キツい印象に

TYPE 7 頼もしい野生児

ココがGOOD!

ラフで自然体な雰囲気に

爽やかさが持ち味の人に、不規則な柄を持ってくると、キツい印象になり、周りの人が近寄りがたい雰囲気を醸し出してしまいます。

⑦頼もしい野生児タイプには、ラフな雰囲気の服が似合います。柄も規則正しいものより、**民族衣装のように複雑で独特なもの**のほうが魅力が際立ちます。

暗い配色の
チェック柄

話しかけられやすい明るい雰囲気を出すにはこのアイテム！
彩度明度の共に高いファッションでもうるさく見えず、自然なのが似合います。

TYPE 4 活発な人気者

ココがBAD!
落ち着きすぎて暗い印象になる

チェック柄のなかでも、**彩度や明度が暗いものは活発な印象が損なわれて**、静かで暗い印象になり、話しかけにくい雰囲気に。

TYPE 8 古風な紳士

ココがGOOD!
落ち着きが安心感になる

似合わない人と違い、暗いというよりは、落ち着いて安定した印象になります。どことなく**古風な雰囲気が頼もしさ**を感じさせます。

アクセントになる
ジッパー

TYPE 5 温厚なお兄さん

ココがBAD!
ジッパーの強さがかたい印象に

強いアクセントを必要としない人はジッパーが目立つ強い雰囲気の服は向きません。**ハードな印象の服は、かたくて怖い人のように見られてしまいます。**

TYPE 9 厳格な王様

ココがGOOD!
ジッパーの強さが男らしさになる

⑨厳格な王様タイプのように強い雰囲気の人は、**ジッパーがアクセサリーのような役割を果たし、おしゃれなアクセント**になります。

ネイビーと白シャツの組み合わせ

TYPE 5 温厚なお兄さん

TYPE 2 優しげな王子

大人しくなりすぎてしまい、⑤温厚なお兄さんタイプにはあまり似合いません。水色のシャツを着ればバランスがとれます。

ネイビーに白シャツの組み合わせの品のある落ち着きが②優し気な王子タイプに似合います。

シンプルなシャツとインナーのコーデ

TYPE 4 活発な人気者

TYPE 3 落ち着いた皇族

元気な雰囲気が似合うタイプなので、柄や色がない服だと印象が薄くなってしまいます。

シンプルさが必要な③落ち着いた皇族タイプは、柄や色のないスッキリとした服や、白の薄い透け感のある着こなしが似合って存在感が増します。

荒さのある 細かい柄

TYPE 6 上品な貴公子

戦士などを彷彿させる迷彩柄は、上品さが必要な⑥上品な貴公子タイプには荒々しすぎて似合いません。

TYPE 7 頼もしい野生児

粗野な雰囲気が似合うタイプなので、男っぽい荒さのでる強い柄が似合います。

シンプルな シャツとパンツのコーデ

TYPE 1 愛嬌のある好青年

愛嬌のある好青年タイプには、シャツにパンツだけの組み合わせだと面白みがなく、手抜きコーデに見えてしまいます。

TYPE 3 落ち着いた皇族

シャツにパンツのシンプルスタイルも③落ち着いた皇族タイプなら自然とオシャレに見えます。

HAPPY BEFORE-AFTER

リアル夫を改造計画

中川さんアフター発表篇

中川さんのファッション改造完了！

ジャケットも
ちゃんと
似合ってる！

品のあるナイスミドルに大変身！

「きちんとした大人の雰囲気をだすためにジャケットを素敵に着てほしい」という妻の要望に応えて、ジャケットを活用した大人カジュアルコーデに挑戦！　②優しげな王子タイプの中川さんには、よく着ていたという暗い色合いで男っぽさを強調したコーデよりも、グレーや淡いピンクなどの優しい色合いが似合います。

Before

After

After

（右）Jacket/Shirt/Pants：UNIQLO　Shoes：私物
（左）Knit：SEVENDAYS=SUNDAY　Shirt/ Pants：UNIQLO　Shoes：私物

HUSBAND & BOYFRIEND
FASHION REMODELING PLAN

STEP 03

「似合う」ヘアスタイルと美容で仕上げる

P141-158

服の改造の次は、「似合う」ヘアスタイル。
ふだんと異なる髪型に挑戦するのはハードルが高いものですが、
少しだけでも「似合う」エッセンスを取り入れてみてください。
前髪のある・なしでも変化は大きいものです。
ご自身（妻・彼女）の通っているヘアサロンに
一緒に連れて行くのも手です。
さらに、スキンケアや産毛・まゆげの処理までできればパーフェクト♪

Step 3

88 診断でわかる「似合う」髪型

タイプによって似合う長さやヘアセットの度合いはちがう

図の上側のフェミニン寄りの人は、**軽やかで明るい雰囲気の髪型**が似合うので、長すぎも短すぎもしない平均的な長さが良いでしょう。ヘアカットをさぼって、うっかり伸ばしすぎて重苦しくならないように要注意です。下側のマスキュリン寄りの人は、**どっしりと重たい髪型**が似合うので、襟足を長めにするなどして重さを出すのがおススメです。

右側のスタティック寄りの人は、**パーマや整髪剤を駆使して洗練された大人っぽいスタイル**にすると魅力が際立ちます。大人しい雰囲気が出るほうがいいので、前髪を垂らしてみてもいいでしょう。左側のダイナミック寄りの人は、**くせ毛っぽかったり洗いざらしのままのような気取らないスタイル**が似合います。強さや動きの出るオールバックもカッコよくキマりますよ！

HAPPY = BEFORE AFTER!

リアル夫改造計画
〜ヘアサロンでオーダー篇〜

ここは、私がいつもお世話になってるヘアサロンだから安心だよ！

ここでカットしてもらうよ！

ずっと同じサロンに通い、毎回同じ髪型にしている男性も多いので、いつもとちがう髪型にするとなると、なかなか難しいのがヘアサロンでのオーダーです。ちゃんとイメージを伝えられず希望どおりの髪型にならなくてがっかり……なんてこともあるので、美容師さんにこの図を見せながらオーダーしてもらうのもおススメです。

ヘアスタイルのオーダー

ナチュラルで軽やかなヘアスタイルでお願いします！

9タイプ別「似合う」髪型

「ツーブロックに挑戦したらなんか変だった」「短髪はどうもおかしい」などというように、なんとなく違和感のある髪型になることってありますよね。仕事の都合や髪質などの事情で同じ髪型にするのは難しかったりするので、この髪型が似合うとひとくくりには言えませんが、ぜひエッセンスだけでも取り入れてみてください。髪型も服と同様に、本人のキャラクターに合った髪型にすれば失敗を防げます。

TYPE 1 愛嬌のある好青年

動きがあって活発な印象を与える外ハネヘアが似合います。くせ毛の人は動きを活かしてください。直毛ならパーマをかけたり、ワックスで毛束を作るのもおススメです。

TYPE 2 優しげな王子

パーマスタイルなど、くせ毛に近い自然な動きがあったほうが、優しい印象になります。少し動きをつけるためにレイヤーをいれてもらうのも◎

TYPE 3 落ち着いた皇族

動きはあまりつけなくても大丈夫ですが、軽さが必要なので、スプレーでトップに立体感を出すなどして抜けを作ると素敵です。モダンでクールなスタイルが似合います。

HAPPY = BEFORE AFTER! リアル夫改造! 〜ヘアカット篇〜

TYPE 7 頼もしい野生児

ラフで男らしい雰囲気が魅力なので、襟足長めのウルフカットなどにして強さや迫力を出すと素敵です。前髪をかき上げたような額を出す髪型が似合います。

TYPE 8 古風な紳士

オールバックなどの清潔感があって紳士的な髪型が似合います。額を見せることで強さだけでなく知的な印象も出て素敵です。

TYPE 9 厳格な王様

知的でクール、それでいて存在感のある髪型が似合います。アシンメトリーにしたり、メッシュを入れるなど独創的な髪型がおススメです。異国情緒漂う外国人風の髪型も◎

TYPE 4 活発な人気者

さわやかで元気な印象を与える短髪が似合います。「短髪」というだけだとオシャレ感が物足りない場合は、ツーブロックもおススメです。

TYPE 5 温厚なお兄さん

自然な雰囲気が魅力なので、髪型もパーマやワックスでいかにもなオシャレ感を出すのではなく、あくまでもナチュラルに。カットスタイルがキレイに保てるようブローに力をいれると◎

TYPE 6 上品な貴公子

中性的な雰囲気が似合うので、パーマで流れるような髪型に。パーマをかけられない場合は、ロットの細いコテでウェーブを作るのもおススメです。

ヘアスタイル完成！

BEFORE

目立っていた白髪を染めて髪に動きを出しました。

BEFORE

全体的に重かったので軽さを出してナチュラルなさわやかさを出しました。

Step 3

毎日のヘアセットのコツ

前髪やトップをアレンジするだけで印象が大幅アップ

とくに大事なのが前髪です。前髪をおろすか、額を出すかで大きく印象が変わります。フェミニン寄りやスタティック寄りの人は、前髪をおろしたほうが似合う人が多いです。ただし、メガネをかけている人は、前髪にスキマをあけないと重たくなってしまうので気をつけてください。

写真上の男性は⑦頼もしい野生児タイプ。おろしていた前髪を上げただけで男らしさや強さが出て、頼もしい印象になりました。

逆に下の男性は③落ち着いた皇族タイプなので、前髪はおろしたほうが似合います。トップはスプレーで空気感をだすことで軽さが出ます。髪が伸びてきたらパーマをかけて柔らかさを出すのもおススメです。

「パーマが似合うかも?」と思っても、ダンナさんの腰が重いなら奥さんがコテでパーマをかけたような動きを出してもいいでしょう。自分もコテ使いがうまくなるので一石二鳥ですね！

最近はパートナーの髪型をスタイリングする講座なんかもありますよ♪

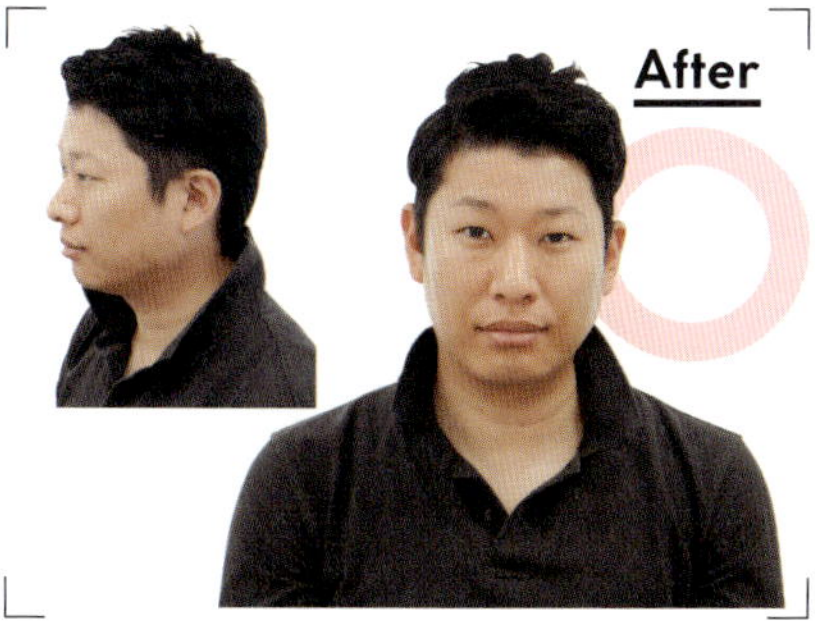

ワックスで全体を立たせただけで、印象がさわやかで男らしくなりました。

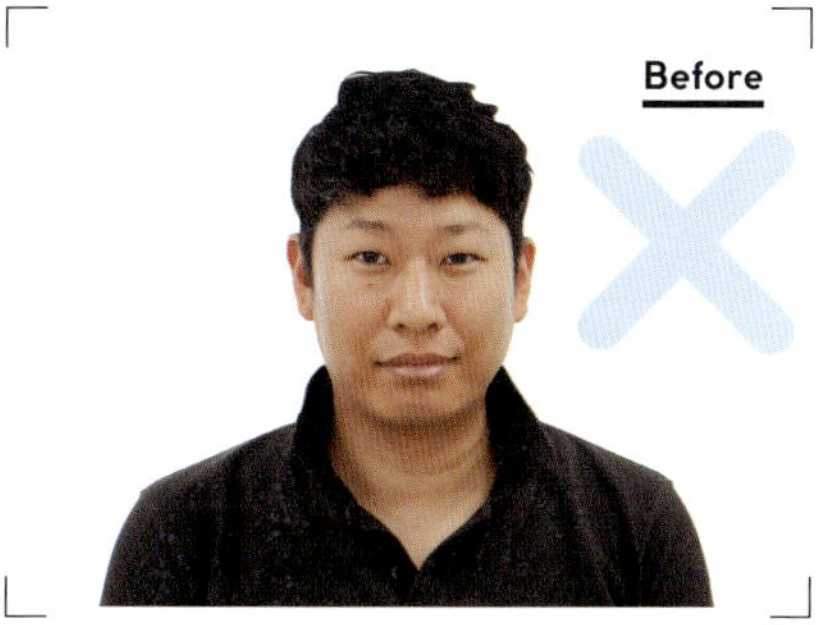

頑固なくせ毛のため、髪は伸ばさずにつねに短髪に。前髪をおろすことに本人の強いこだわりがあるようでした。

メガネなので前髪にスキマをあけて軽やかに。ワックスではなく、スプレーでボリュームを出すとカンタンです。トップにボリュームを出せばぺったり感がなくなります。

ヘアサロンに行く時間がもったいないので、なるべく切らないで放っておきたいそうで、重くもっさりした印象に。ワックスを使ってみたことがあるものの、うまく使いこなせず、ぺったりしてしまい断念。

スタイリングのしかた

くせ毛を活かして、全体に動きを加えて整えます。前髪はおでこが見えすぎないように程よい毛量をおろし、コテで巻いてふわっと流します。奈良さんは⑤温厚なお兄さんタイプなので、ワックスできっちりかためたり、刈り上げたりするより自然な気取らない雰囲気が最も素敵に見えます。

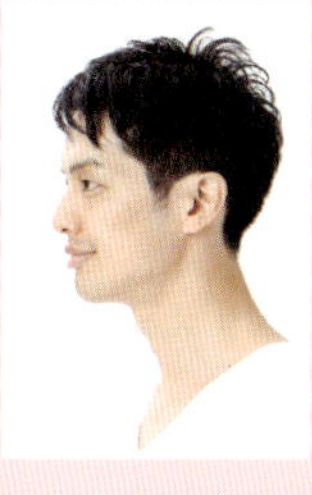

Step 3

まゆげを整える

凛々しいまゆげで好印象に！

ボサボサ眉をきちんと整えるだけで、頼りになりそうな凛々しい印象になります。眉を整えたことのない男性も多く、自分でできない人にはやってあげるのも手です。とはいえ、女性も自分のまゆげのお手入れには馴れているかもしれませんが、人にやってあげるとなるとなかなか難しいもの。

とくに、男性は女性と違ってまゆげを整えすぎると「やりすぎ感」が出てしまい不評を買いやすいです。女性のようにメイクで描き足すことも難しいので、**あくまで元の眉を自然に見える範囲できれいにすることを意識しましょう。**

対面で行うコツは、眉上側はいじらずに下の余分な毛を処理すること。眉の形を変えてしまうような調整は、床屋さんなど専門店に任せましょう。

HAPPY = BEFORE AFTER!

リアル夫改造計画
〜凛々しいまゆげづくり〜

余分な毛を退治♪

なんかドキドキするなぁ（笑）

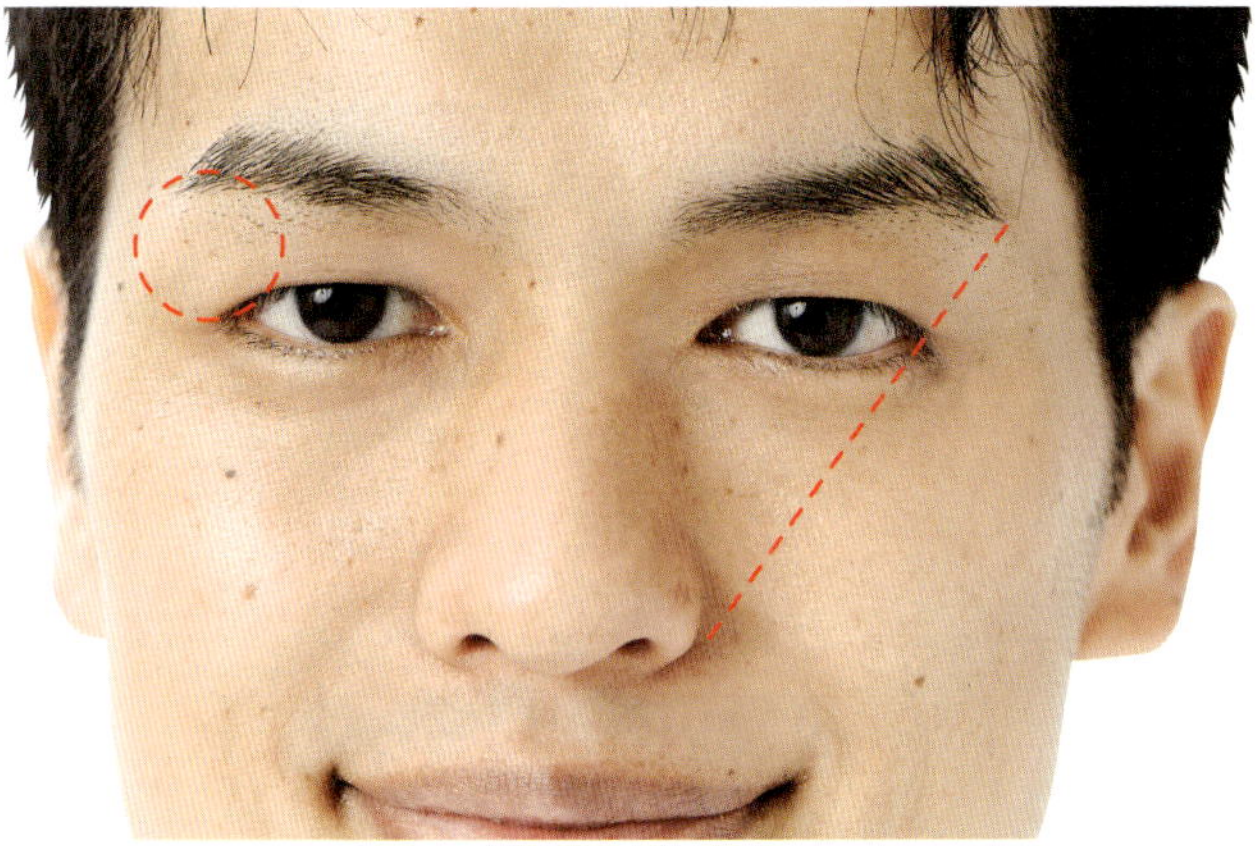

眉下の余分な毛は毛抜きで抜き、産毛はシェーバーで除去しましょう。
眉尻は、小鼻と目尻を結んだ延長線上にあると横顔がスマートに見えます。
眉と眉の間に毛が生えて、こち亀＊の両津勘吉のようになってしまう男性も多いので、要注意です（笑） ＊『こちら葛飾区亀有公園前派出所』（秋本治・作／集英社）

眉の形そのものまで変える場合は専門店にお願いするのがおススメです。

＼ 凛々しいまゆげが完成っ ／

Step 3

産毛をきれいに取り除く

産毛を剃るだけで、顔色が明るくなってさわやかに！

男性は、女性より産毛が濃いので、産毛を取り除くだけで肌がきれいに見えます。ヒゲを剃っているし、ヘアサロンでもみあげを処理しているので「十分！」と思っている男性も多いですが、額や眉間の産毛が残っていると顔全体が暗く見えてしまいます。

産毛は本人に処理してもらいたいものですが、自分でやってくれない場合は、強制的に剃ってしまいましょう！

ひざまくらの体勢で行えば、比較的楽に剃れます。耳かきの要領でシェーバー片手に一気に撃退。

「え、俺こんなに毛が生えてるの〜!?」と終わったあとにとれた産毛の量をみて本人が唖然とすることも。

HAPPY BEFORE AFTER!

リアル夫改造計画
〜ひざまくら産毛撃退法篇〜

いつもはテレビに集中してなかなかできない会話も、ひざまくらで産毛を退治する間にすれば、気持ちよくコミュニケーションがとれますね。

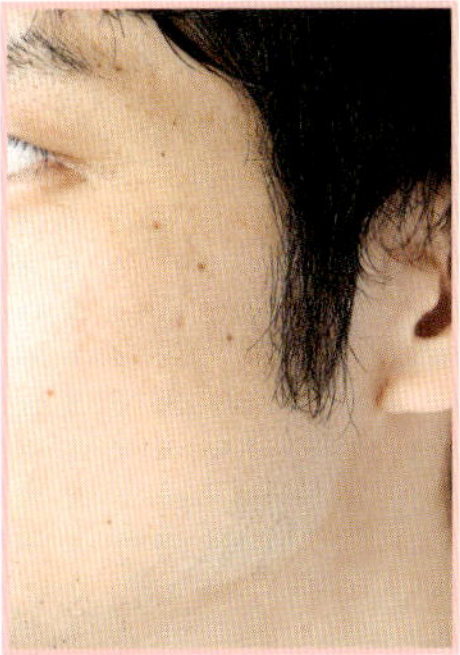

うっかりもみあげを剃らないように気をつけつつ、顔全体の薄い毛はシェーバーで退治しましょう。頬や眉間など濃い髭の生えない箇所は男性自身も意識がおざなりになりがちです。

男性によっては「そんなの面倒くさい」と感じる人も少なくないですが、産毛の処理で清潔感が一気にアップします。清潔感ある男性は仕事でも評価が上がるので、身だしなみとしての必要性を伝えましょう

＼ 清潔感アップ ／

Step 3

お肌をきれいにする

毎日続けられる時短アイテムで ばっちりスキンケア

清潔感には肌が命！　テカテカに脂ぎって毛穴の黒ズミが目立っているとか、保湿をする習慣がなくて肌がガザガサになっている男性って多いですよね。
水でパシャパシャ流すだけで済ませず、洗顔料を使って顔を洗う男性でさえ、ちゃんと泡立ててふわふわの泡で優しく洗顔するなんて知識もマメさもなかったりするもの。そんなめんどくさがり屋の男性には、泡で出てくるタイプの洗顔料がおススメ。これなら肌を傷めず、ラクにしっかり洗顔できます。
もうひとつ気を付けたいのが、洗顔後のスキンケア。化粧水だけでは逆に乾燥を招いてしまいます。乳液までつけてもらうのはハードルが高いようなら、1アイテムで済む「オールインワンタイプ」のものがおススメ。ベタベタとしたつけ心地が馴れない人には、さっぱりタイプを！

HAPPY = BEFORE AFTER!

リアル夫改造計画

～罰ゲームでスペシャルケア篇～

洗顔や化粧水はしてくれても、フェイスパックには抵抗のある男性はいるもの。罰ゲームとして強制的にはってしまいましょう♪

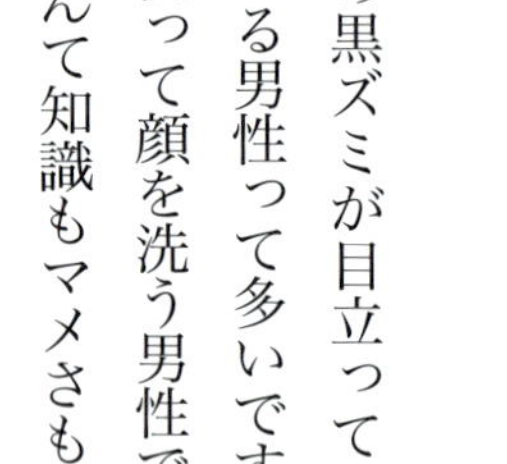
じゃんけんぽんっ
負けた～（涙）

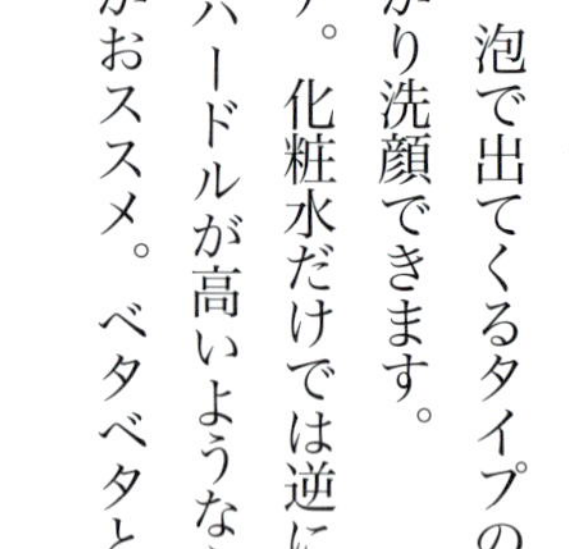
ひっひっひっ
はい、罰ゲーム～

めんどくさがり屋の夫でも、ラクちんな泡タイプの洗顔料やオールインワンタイプなら続けられます！

夫婦兼用で使える
おススメアイテム

泡洗顔フォーム
敏感肌用
／無印良品

敏感肌用
オールインワン
美容液ジェル
／無印良品

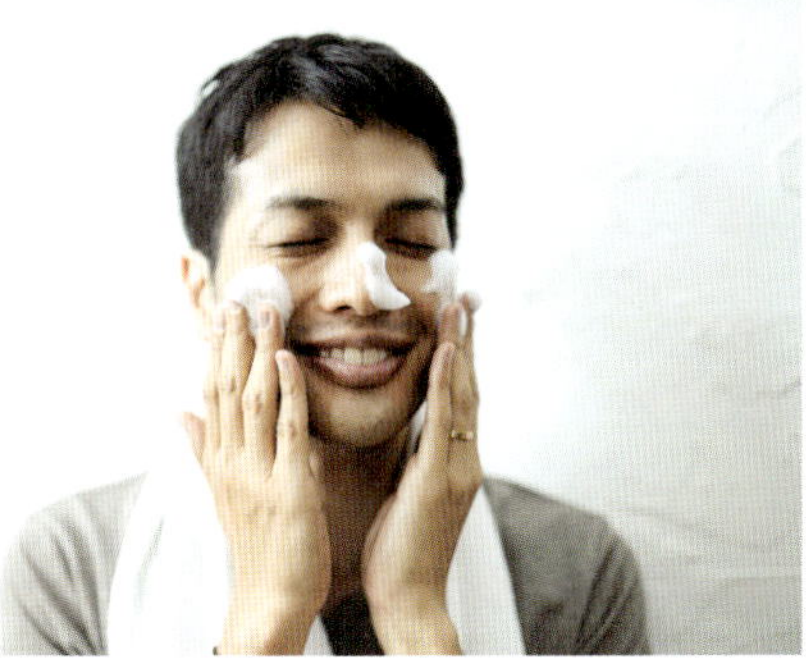

泡タイプの洗顔料ならば、毎日カンタンに続けられます。

楽しみながらきれいになれる
ステキな美容パック

市川染五郎監修 歌舞伎フェイスパック「暫」「船弁慶」／一心堂本舗

ハイっ チーズ♪
いい思い出になるね（笑）

うん、意外とキマってるかも♪

Step 3

キリッとフェイスに変身①
フェイシャルマッサージ

男性にとって、顔のマッサージはなかなか馴染みがないもの。ですが、凝りかたまった表情筋をほぐすことで、血行がよくなり顔色が明るくなったり、肌の再生力が増したり、なにより顔の表情が豊かになります。日ごろの感謝を込めて、たまにはマッサージをしてあげるのもおススメです。

STEP 01

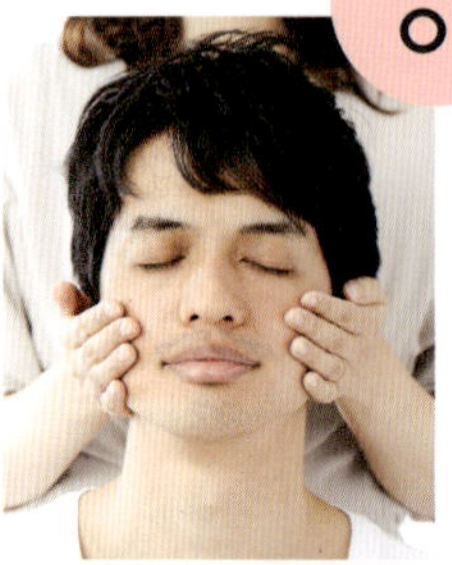

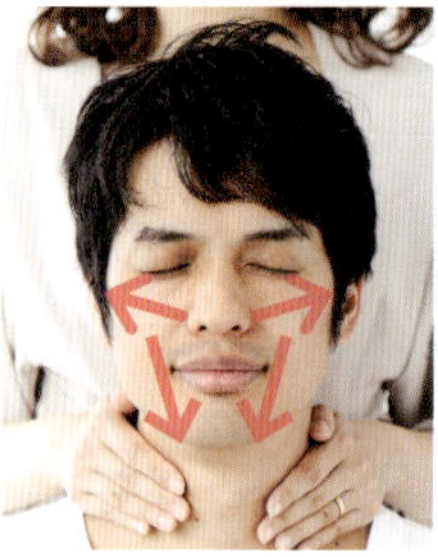

親指以外の４本の指をほお骨のいちばん高い部分におく

↓

圧をかけながら外側に向かってスライドさせる。（このとき、指の腹や手のひら全体を使うようにしてください）

↓

首筋のリンパ腺に沿って鎖骨まで流す

↓

STEP 02

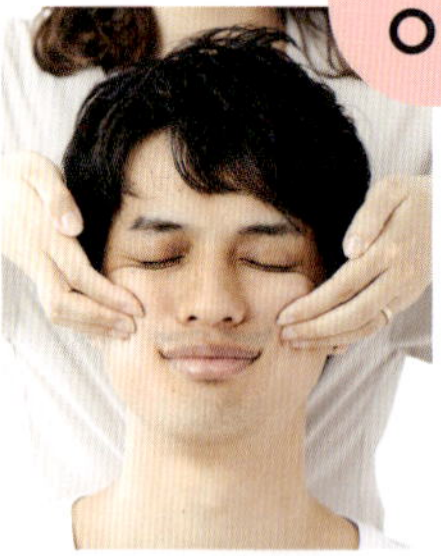

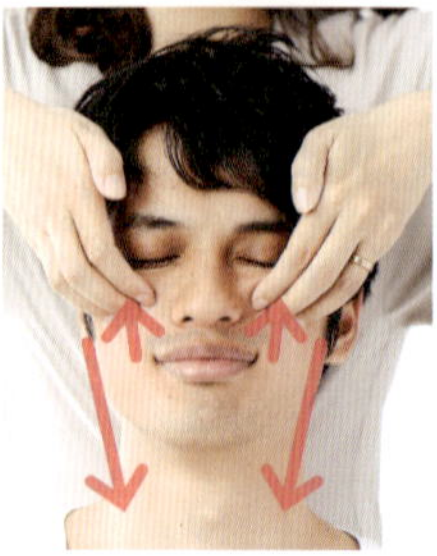

中指と薬指をほお骨のくぼみにおく

↓

下から上にほお骨を持ち上げるイメージで骨をプッシュする

↓

首筋のリンパ腺に沿って鎖骨まで流す

STEP 03

あご先で両手の指を組む

↓

両手の手のひらを使ってアゴのラインに沿って引き上げる

↓

引き上げた手を、指の腹で軽く圧をかけながら、髪の生え際を通ってこめかみへスライドさせる

↓

首筋のリンパ腺に沿って鎖骨まで流す

STEP 04

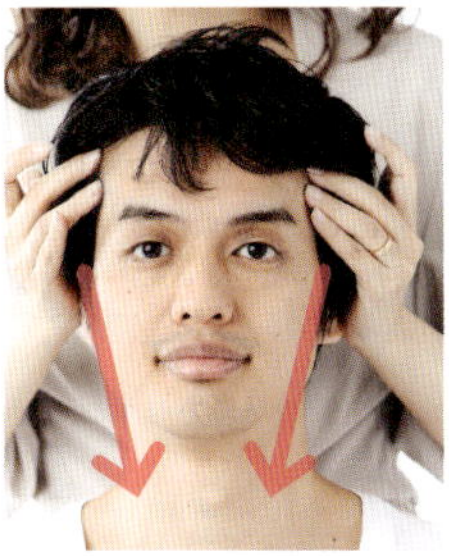

中指と薬指を眉頭の上下をはさむようにおく

↓

円を描くように手を内側に軽く動かして、筋肉をほぐす

↓

髪の生え際に向かって引き上げる（指先だけでなく指の腹全体を使うようにすることがポイント）

↓

髪の生え際からこめかみに向かって下へスライドさせる

↓

首筋のリンパ腺に沿って鎖骨まで流す

STEP 05

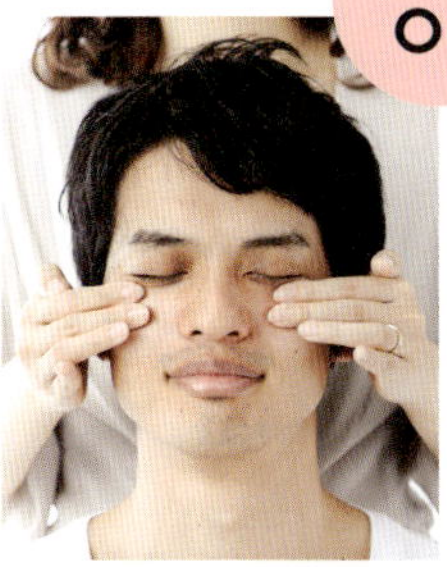

中指と人差し指を鼻の脇におく

↓

目の下の骨に触れるように、
鼻→目頭→中央→目尻→ほお→鼻の順で、円を描くようにマッサージした後に、同じルートで軽くプッシュする

↓

目頭から目尻を通ってこめかみまで一気に引き上げ、こめかみを３秒間プッシュする（引き上げる時は中指と薬指を使う）

↓

首筋のリンパ腺に沿って鎖骨まで流す

STEP 06

両手の手のひらの全体を使って、ほおの内側から外側へ残りの老廃物をスッキリ流し、クールダウンさせる

ちゃんとお礼をしてくれないとこうしてやるぞ〜!!

！

ダンナさんにやってあげるだけじゃなくて、ちゃんと奥様もマッサージしてもらいましょう！！

監修：KANA（make up artist）

Step 3

キリッとフェイスに変身②
鼻呼吸トレーニング

無意識に「口呼吸」をしてしまっている人は多いものですが、実は、口呼吸から鼻呼吸に変えるだけで、姿勢がよくなり、表情も引き締まります。夫や彼氏を男前するための秘策は、「鼻呼吸」にあるかもしれません！

鼻呼吸を意識する練習

まずは鼻呼吸と口呼吸のちがいを体感してください。
鼻呼吸は自然と背筋が伸びて、あごが内側に入り
キリッとした顔つきになります。

鼻呼吸

鼻呼吸で空気が入るとき、鼻腔（空洞）が続いているまゆげの上や目の裏側まで空気が入るイメージをします。

口呼吸

口呼吸だと姿勢が悪くなり、表情もゆるんでしまいます。

鼻呼吸のまま発声する練習

鼻呼吸の感覚がつかめたら、これを持続できるよう鼻呼吸をしながら話せるようになりましょう！

声の響きが良くなるので、歌も上手になるかもしれません♪

発声するときに意識する部分

上顎より上から、まゆげの少し上までを意識しながら声を出してください。鼻の空洞（鼻腔）を響かせるイメージです。

発声するときに使ってはいけない部分

上顎より下、横隔膜までを使って呼吸・発声をしてしまうことはNG。

姿勢や表情がゆるんでしまいます。歌う時に喉が締まってしまう人は、この部分に力が入ってしまっているケースが多いのです！

＼ ふたりでやると
楽しい！！ ／

監修：鳥山真翔（鳥山流 美顔ボイトレ）

HAPPY BEFORE-AFTER

リアル夫改造計画

奈良さんアフター発表篇

奈良さんのアフターがいよいよ完成！

素敵!! これなら
キチント感も出て、
どんな場所にも
出かけられるね！

奈良さんがイケメン夫に大変身！

奈良さんは⑤温厚なお兄さんタイプ（＋③落ち着いた皇族タイプ）で、芸能人でいうと妻夫木聡さんのような自然体で気取らない雰囲気です。素材感は厚すぎず薄すぎない中間がおススメ。シンプルすぎるファッションを変えたいという奥様のご要望をとり入れつつ、シンプルが好きなダンナさんが落ちつくコーデにしました。

After

Cardigan: SEVENDAYS=SUNDAY
Shirt/Pants: UNIQLO　Shoes: 私物

Before

After

Jacket/Shirt/Pants: UNIQLO

HUSBAND & BOYFRIEND
HAPPY BEFORE → AFTER

EPILOGUE

ふたりの人生を変える変身物語

P159-174

「似合う」にたどり着くことで起こる夫・彼氏の変化。
それは外見だけでなく、内面にも生じています。
この変化は、かつて私自身にも起こったものです。
本書の「リアル夫改造計画」にご登場くださり、
夫の変化を体験した中川さん・奈良さんにもインタビューをしました。

「似合う」を知ることでふたりの絆が深まる

Epilogue

ファッション改造の真の目的

以上の3ステップでファッション改造が完了しました！

きっとあなたの夫・彼氏は、ご本人の魅力を活かした素敵な姿になっていることと思います。

でも、実はここで終わりではありません。ファッション改造はこの先が大切なのです。

それは、**改造をきっかけにふたりの関係に変化が生まれる**ことです。

一連の過程を通して、あなたは夫・彼氏の見え方が変わってきてはいませんか？

HAPPY = BEFORE AFTER!

リアル夫改造計画

～変身の本当の効果篇～

夫の変身効果は「変わった後」からあらわれる

奈良家のとある休日

この服似合いそう

いつも買い物行くのを嫌がってたのにどうしちゃったの(笑)
買い物デートしよう！

それはたんに服や髪型が変わったからだけではなく、内面の見え方が変わってきたからではないでしょうか？

長所と短所は表裏一体で、その人の個性をどう捉えるかで、見え方は大きく異なります。

たとえば「マイペース」は「物事に動じない」、「怒りっぽい」は「感受性豊か」、「せっかち」は「行動的」といえます。

付き合った当初は好意的に捉えていた彼の個性が、一緒にいるうちに短所として感じてしまうようになり、その言動に否定的になってしまうことがあります。

しかし、「似合う」を知るために相手の内面にある個性を見つけようとすると、おのずと視点が変わり、短所が長所に見えてくるようになるのです。

「あなたはこれが似合って、私にはこれが似合う」

そんな夫婦の共通認識がもてることは、とても素敵なことです。

長く一緒にいると、つい見落としてしまう個の大切さ。夫婦やカップルは、長く一緒にいると相手と自分の境界線が薄くなりがちです。

ファッションという外見を通して、相手の個性のすばらしさを認識し、おた

中川家 のとある休日

ただいまー
おみやげ買ってきたよ

新婚時代に
もどった気分♪

やったぁ～
大成功です♪
よかった～
お幸せに!!

がいを尊重する意識が芽生えれば、おふたりの関係はきっといま以上に素敵なものになっていくことでしょう。

本書は、夫・彼氏のファッションやヘアスタイルをよりよく改造するために女性が手助けをする、という趣旨のものですが、けっして女性は夫・彼氏に尽くし、自分自身より優先すべきというものではありません。

あくまでも本書は、彼を変身させることによって、あなた自身がさらに輝き、おしゃれで楽しい日々を過ごせるようお役に立てることを願って作ったものです。また、本書でご紹介しております「88診断タイプ分けテスト」は女性にも適用できます。

本書をきっかけに、ぜひご自身も「似合う」を意識したファッションを楽しんでいただけましたらうれしいかぎりです。

EPISODE ♡ 1

「私が、夫の服えらびのアドバイザーに」

今回のビフォーアフター体験に名乗りをあげてくださった中川さんご夫妻は、結婚14年目で、2人の小学生のお子さんがいます。

妻の枝里子さん曰く、ダンナさんは**こだわりや思い込みの強いタイプ**。

「たとえば、私が夫に似合いそうだと思ったジャケットをすすめても、『ジャケットは老けて見えるから嫌』と断られてしまうんです。『明るい色の服は似合わないから暗い色の服がいい』など、いくつもの思い込みがあって、でも、**その理由を聞いてもとくに根拠はなく、なんとなくの感覚だったので、もったいないなー**と思っていました。

夫は『②優しげな王子タイプ』で**明るい色が似合うことがわかり、夫は驚いていたけれど、実際に着てみたら、あまりの変わりように納得したよ**うです。ジャケットも老けて見えるどころか、むしろ若々しく見えて、ただの思い込みだったことにやっと気づいてくれました！　そして、**私のアドバイスが正しかったことを身に染みて感じた**そうです（笑）」

そしてこんなうれしい後日談も。

「以前は、一緒にショッピングに出かけても、お店めぐりはバラバラで各自好きな服を買ってきて帰りに合流するだけでした。でもいまでは一緒に服をえらんだり、私に相談してから買うようになりました。**男の人って、きちんと理屈を説明するとこんなに素直に言うことを聞いてくれるものなんだな、**と実感しました（笑）。いまでは『**ファッションにくわしい人からのアドバイス**』**としてきちんと耳を傾けてくれるようになった**んです。

しかも、これまでは私がショッピングに行きたいというと仕方なくついてくるだけだったのに、夫のほうから『服を買いに行こうよ』と積極的に誘ってくれるようになったことも嬉しい変化ですね」

最後に、枝里子さんに夫のファッションを改造する理由を聞いてみました。

「子どもたちのパパとしてだけでなく、『夫』という男性としての存在でいてもらいたいし、私も彼を男性として見続けていたかったからです。『パパ』だけなら、なにを着てもあまり気にならないかもしれないけど、それだと私も『ママ』でしかいられなくなってしまう。私自身いくつになっても女性でいたいから、夫にも男性として素敵であってほしいと思っています」

子どもができても、いくつになっても、〝男と女〟でいられる夫婦は憧れます。その手がかりはおたがいの外見にも興味を持つこと。中川さんご夫妻から、そんな大切な〝夫婦の向き合い方〟を教えていただきました。

EPISODE
2

「自慢のパパを目指して」

結婚3年目、まだまだ新婚の奈良さんご夫妻。2歳になるお子さんの育児に大忙しの佳奈さんですが、近頃、ダンナさんのファッションが気になってしまうそう……。

「夫は、もともとはオシャレが好きな人なんです。でも、**節約しようとしてくれて、『おしゃれの優先順位は低いから』って、ほとんど洋服を買わなくなってしまったん**です。子どもと撮った写真を見返すと、夫は一昨年も去年もいつも同じ服で映っていて……。だから、夫へのプレゼントでときどき洋服を買っていました。でも、着てもらえないことも少なくなくて。夫は着回しがきくようにするために、持っている服は黒とか暗い色ばかり。

せっかくだからいつもと違う服をあげたいなと思って、**明るい色の服をプレゼントするのですが、夫は『コーディネートの仕方がわからない』とか、『自分には似合わない気がする』って言って着ません**。結局お金のムダになってしまうので、どうしたらいいのか途方に暮れていました」

ところが、佳奈さんのダンナさんは、⑤温厚なお兄さんタイプなので、**これまでの暗い色のファッションとは真逆の明るい色やナチュラルな雰囲気の服が似合う**ことがわかりました。すると、なんと佳奈さんがプレゼントしたままずっと着ていなかった白いサマージャケットを、体験後に『これは着られる』とクローゼットの奥からひっぱり出したそう。もし、今回の体験がなかったら、サマージャケットは袖を通してもらうことなくお蔵入りしたままだったかもしれません。それはもったいないですよね。実は、**「似合う」を知ることは、お金と時間の節約**にもなります。似合う服さえわかっていれば、ピンポイントに効率よく服を買えるので、ムダな出費を避けられます。

それに、わざわざ高価な服を買わなくても似合っている服なら十分素敵に見えるのです。

奈良さんのダンナさんは、お金の浪費にならない範囲で少しずつ新しい服を買うことに前向きになったようで、佳奈さんはこの先の楽しみが生まれたそうです。

「夫がファッションを楽しんでくれたら、私も一緒にお出かけするのが楽しくなるし、もっと先の話ですが、子どもにとって自慢のパパになってほしいなと思います。

友だちに聞いたんですけど、子どもってストレートだから小学校とかで『〇〇くんのパパってカッコいいね！』とかはっきり言うそうなので……（笑）　私も夫の服えらびに自信がつきました！　夫をカッコいいパパにできるかこれからが楽しみです」

佳奈さんなら大丈夫。きっとカッコいいパパにできます！

おわりに――

人生を変える外見の変化

Epilogue

本書をお読みいただき、誠にありがとうございます。本書を手にとってくださった方のなかには、ファッションが好きな方も、その逆に苦手な方もいらっしゃると思います。夫婦円満でふたりで楽しむために手にする人もいれば、なかなか変わってくれない夫にヤキモキしてえらんだ方もいると思います。いずれであっても、だれかのために頑張ろうとするスタンスがすばらしく、微力ながらも本書がお役立ちできればと願っています。

最後に、なぜ私がこれほど「似合う服」を大切に思い、本書を執筆したのかについてお話させてください。

体重60kg、あだ名は「逆三角形」で、クラスでいちばん、彼氏ができなさそうな女

これが私のスタート地点でした。

高校時代、剣道部に所属し、朝から晩まで稽古に明け暮れ、飲み続けたプロテインの効果でがっつりと筋肉のついた男らしい身体。そのおかげで、着られる洋服はLサイズ。体型にコンプレックスが強か

った私は、いつもだぼっとしたシルエットをえらび、目立たないように黒い服を着てばかり。街ゆく可愛い子を眺めては「別の世界の生き物」だと諦めていました。

ところが、友人の付き合いで行ったショッピングで運命の出会いがありました。友人の試着待ちをしていた私に、店員さんがかわいいチェニックをすすめてくれたのです。私は「こんな女子っぽい服は似合うわけがない」と慌てて断ったものの、試着だけしてみることに。するると、実際に着てみると想像していたような違和感はなく、顔が明るく、あか抜けてみえました。とても感動した私は、その勢いのまま1万7000円もするそのチェニックを買いました。そして、この服が本当に似合う子になりたいと、切に願うようになったのです。

見た目に無頓着だった私が、さっそくメイク術を調べ、人気のサロンへ行き、トップスタイリストを指名。ファッション、ヘア、メイクをたった3日間ですべて変えたところ、ダイエットをしたわけでもないのに、別人のように変わりました。そして、なんと人生で初めてのモテ期が到来。ファッションの力を知った私は、うれしくなって、自分磨きを続けるようになったのです。そして、「今の自分の見た目は自分自身のえらんだ結果」という言葉を知り、それまでの自分は体型や環境を理由に女性としての努力をあきらめていたことに気がつきました。完ぺきな美女にはなれなくても、自分なりの最大限の努力をして自分にとって最高のキレイを目指そうと頑張っていました。

そんななか2度目の転機が訪れます。

目指すキレイの方向性がわからず、男ウケするモテそうな「カワイイ」「きれい」を追いかけていた私ですが、一方で「**裏がありそうで、腹黒く見える**」「**人形みたいで不自然**」などと言われるようになってしまっていたのです。

その理由がいまならわかります。

私のタイプは、「⑦頼もしい野生児（ワイルド）」がメインで、「⑥上品な貴公子（エレガントゴージャス）」も入ったものです。そのため、男っぽい強さに華やかさが加わったファッションが似合います。それなのに、当時の私は、「②優しげな王子（ロマンティック）」のようなフェミニンで甘い見た目を作りこんでいたのです。

本書ですでにお伝えしたとおり、人は外見からイメージできるキャラクターと実際のキャラクターが異なっていると、相手に不信感を抱かせてしまうものです。私もかわいらしい見た目を作りこんでおきながら、男っぽい強さがあったので、相手から不自然に思われてしまったのです。

そこで、私はかわいいフェミニンな服を脱ぎ捨て、自分らしい服を着るようになり、いまの姿になりました。

実は、かわいい服ばかりを着ていたころは、恋愛面でもこんなことが起きていたのです。

フェミニンな姿の私に惹かれた男性が、親しくなるにつれて本来

学生時代

60kgの体型を隠すために、いつもダボダボの黒い服を着ていました。

ファッションに目覚めたばかりのころ

がんばっておしゃれをしていましたが、「腹黒く見える」と言われるようになってしまいました。

いまの三村です！

無理してかわいらしい服を着るのをやめて、ありのままの自分らしいファッションに！

の私のたくましい性格を知ってがっかりすることがあったのです。つまり、「相手が期待する自分(外見)」と「本来の自分（内面）」とのあいだに不一致が生じてしまい、私の内面を好きにならなさそうな男性が寄ってきて、逆に私の内面を好きになってくれそうな男性は外見のせいで私に興味を持ってくれなくなってしまっていたのです。

これって実は、私だけでなく、世の男女にとても多く起こっている現象なのです。**せっかく気の合う男女が出会っても、外見のせいでそれに気づかず、おたがいをよく知らないまますれ違ってしまう……**。これってすごくもったいないですよね。

いまの私は恐れることなく、ありのままに自分の魅力である「強さ」を大切にして、自分の内面を堂々と表現しています。そして、それを周囲の人も受け入れてくれています。

お人形のようにかわいくてキレイな容姿など、世間が決めた美しさを追いかける必要はないのです。「美しい」は、一人ひとりが生まれ持っている個性の数だけ存在しているのです。

自分らしさを追求した先にみつかる似合う服

こうしてファッションの力によって、みずからのコンプレックスを乗り越えた私はいま、当時の私と同じように見た目に悩んでいる方たちへ解決の糸口をご提供するトータルスタイルプロデュース業を創業しました。スタイリストさんやヘアメイクさんと協力して、世界でたった一つしかないビフォーアフター体験型サービス「シンデレラプランニング」を運営しています。テレビ番組でよくある変身企画を実用化したもので、一人ひとりに似合う「ファッション」「ヘア」「メイク」を「88診断」をもとに分析し、変身をプロデュースするという珍しいサービスです。

プロデュースする際に、大切にしていることは〝気合いの入ったオシャレは提供しない〟ことです。高価な服を用いて、ファッション誌に載っているような気取った着こなしをおススメすることはほとんどしません。そのような着こなしは、職場や日常生活などの現実の世界にはなじまず、ご本人もなんだか居心地の悪さを感じ、長続きしないからです。ふつうの服装で自然な着こなしをするだけで十分、あか抜けた素敵な印象に変身できます。ファッションに関する難しい専門知識や着こなしのテクニックを覚える必要もありません。なぜなら、そうしたテクニックよりもまず大事なことは「その人らしく似合うこと」という考えが88診断の根底にあるからです。

ファッションが苦手で黒い服ばかりを着ていた当時の私は、「この色とこの色の組み合わせはNG」などと理論を学ぼうとしてがんばりましたが、途中で挫折してばかり。ファッション誌を見ても、そこで紹介されているコーディネートを自分にどう活かせばいいのかわかりませんでした。そんななか、88診断を知り、とてもシンプルでありながら、もたらす効果は非常に大きいことを実感しました。

まず、面白いと感じたのが「似合う」という現象は、恋愛でいう両想いのような状態だということです。どんなに着たい服でも、自分との相性が悪ければ、なかなか着こなせません。どうしても着たい場合は、本来の自分を抑え込んだり、服に合わせたメイクをする必要があります。でも、逆に相性がばっ

ち り合う服なら、すっぴんですら肌が明るくキレイに見えたり、スタイルがよく見えたり、とてもよい働きをしてくれるのです。

この本を手にとってくださった方のなかには、既存のファッション理論やほかのファッションハウツー本に書いてあった内容との違いに驚き、どちらが正しいのか混乱してしまう方もいらっしゃるかもしれません。世の中にはたくさんの理論がありますが、私はそのどれもが正しく、どれもが間違っていると考えています。数ある理論のなかで、自分が挑戦しやすいものを取り入れていただくのが、継続できるいちばんの方法ではないでしょうか。

私の場合は、88診断の考え方で、服えらびがずいぶんと楽になりました。

「こう着なくちゃいけない、これは世間がオシャレと言わない」とがちがちに肩の力を入れて考えずに、**自分らしさを追求した先に似合う服をみつける**、その考え方が自分に合っていたからです。私は、この楽しさを、もっと世の中に広めたいと思います。

「パートナーを変身させてあげたい」という想いに応えて

シンデレラプランニングはその名のとおり、もともとは「女性の人生を変えるもの」として誕生しました。しかし、このサービスを体験してくださった女性たちから、「次は夫を素敵にしてほしい」「彼氏を変身させたい」という要望をいただくようになりました。

異性の服や髪型をえらぶのは難しいものです。おしゃれにくわしい女性だって、メンズではアイテムやルールが違って、迷ってしまうものです。とくに男性の場合はブランドものでかためたり、キメキメにしすぎると、逆にダサいと思われがちです。そのうえ、メイクで補正の効く女性と違って男性は、もとの素材をどれだけ活かすかにかかってきます。たとえば、男性が眉を描くことに抵抗感を抱く人は多いですよね。やりすぎず・やらなさすぎずの適度なバランス感覚で、無理のない自然体でありながら〝素敵な男性〟にたどり着かせるのは至難の業です。

そこで、あなたのダンナさんや彼氏が持っている魅力を最大限に引き出し、外見に取り入れるためのノウハウを本書に詰めこみました。雑誌やテレビなどの世間が決めつけた「カッコいい男像」を無理やり押し付けるのでなく、本人にとって心地の良い「似合う」をみつけてあげてください。

本書は、女性が男性をプロデュースするという着眼点のため、女性にとって最も身近な男性の代表として「夫・彼氏」を取り上げていますが、実際には、異性・同性関係なく「カップル」や、「お母さんが息子さんに」「娘がお父さんに」「お姉さんが弟に」「妹がお兄さんに」など、大切な人の見た目に「もったいない」を感じてしまって、「どうにかしてあげたい」と思っている方々に、ぜひ役立てていただきたいという想いで作りました。

その人の似合うものを知ろうとすることで、その人の内面がより深く理解できるきっかけになります。そして、ほかならぬ「あなた」だからこそ知っている「その人の良さ」を、周囲の人たちに伝える手段として、この本がお役に立てればうれしく思います。

三村愛

SHOP LIST

衣装協力　※五十音順

ADAM ET ROPÉ
アダムエロペ
www.adametrope.com
www.jadore-jun.jp
0120-298-133（ジュンカスタマーセンター）

Koé
コエ
https://wear.koe.com/

GU
ジーユー
http://www.gu-global.com
0120-856-452

JUNRed
ジュンレッド
www.junred.jp
www.jadore-jun.jp
0120-298-133（ジュンカスタマーセンター）

SEVENDAYS=SUNDAY
セブンデイズ サンデイ
ストライプクラブ　https://stripe-club.com

nano・universe
ナノ・ユニバース
https://store.nanouniverse.jp
☎ 0800-800-9921（ナノ・ユニバース カスタマーサービス）

BANANA REPUBLIC
バナナ・リパブリック
http://www.bananarepublic.co.jp
0120-771-978

PLST
プラステ（リンク・セオリー・ジャパン）
https://www.plst.co.jp
☎ 03-6865-0206

UNIQLO
ユニクロ
http://www.uniqlo.com
0120-170-296

YOTA TOKI
ヨータトキ
www.yotatoki.com

スキンケアアイテム協力　（P.149）※五十音順

一心堂本舗株式会社
0120-937-226

無印良品 池袋西武
03-3989-1171

撮影協力　※五十音順

ビックロ ユニクロ 新宿東口店
東京都新宿区新宿 3-29-1

MAX for hair
マックス・フォー・ヘアー
東京都新宿区矢来町 64　甲斐野ビル 1F
☎ 03-3235-1342

本書に掲載されている情報は、2017年12月時点のものです。
商品の販売が終了する可能性もございますのでご了承ください。

（がっかり）夫・彼氏のファッション改造計画

発行日　2017年　12月15日　第１刷

Author　三村愛

Styling　倉敷莉奈子

Photographer　近澤幸司

Illustrator　kotoka izumi

Comic　りゃんよ

Art Direction　江原レン（mashroom design）

Designer　時川佳久、今泉誠、武田孝太（mashroom design）

Publication　株式会社ディスカヴァー・トゥエンティワン
〒102-0093
東京都千代田区平河町2-16-1 平河町森タワー11F
TEL　03-3237-8321（代表）
FAX　03-3237-8323
http://www.d21.co.jp

Publisher　干場弓子

Editor　大山聡子＋木下智尋

Model　中川さんご夫妻、奈良さんご夫妻、鍋田美那枝、土岐平太、金子賢太朗

Hair Making　木内瞳、中嶋みさき、新井沙耶香

Proofreader　大塚玲子

DTP　朝日メディアインターナショナル株式会社

Printing　シナノ印刷株式会社

ISBN978-4-7993-2198-0

Marketing Group
Staff_小田孝文、井筒浩、千葉潤子、飯田智樹、佐藤昌幸、谷口奈緒美、古矢薫、蛯原昇、安永智洋、鍋田匠伴、榊原僚、佐竹祐哉、廣内悠理、梅本翔太、田中姫菜、橋本莉奈、川島理、庄司知世、谷中卓、小田木もも

Productive Group
Staff_藤田浩芳、千葉正幸、原典宏、林秀樹、三谷祐一、大竹朝子、堀部直人、林拓馬、塔下太朗、松石悠、渡辺基志

E-Business Group
Staff_松原史与志、中澤泰宏、伊東佑真、牧野類

Global & Public Relations Group
Staff_郭迪、田中亜紀、杉田彰子、倉田華、李瑋玲、連苑如

Operations & Accounting Group
Staff_山中麻吏、吉澤道子、小関勝則、西川なつか、奥田千晶、池田望、福永友紀

Assistant Staff
俵敬子、町田加奈子、丸山香織、小林里美、井澤徳子、藤井多穂子、藤井かおり、葛目美枝子、伊藤香、常徳すみ、鈴木洋子、内山典子、石橋佐知子、伊藤由美、押切芽生、小川弘代、越野志絵良、林玉緒、小木曽礼丈

Special thanks
北山有希、山崎理恵、森本珠央、甲斐琴珠、土井渉、中塚崇喜